本书由国家社会科学基金一般项目"我国体育教育家型
究"资助出版，项目编号为 19BTY080

城市社区体育理论与实践研究

方 奇◎著

吉林出版集团股份有限公司
全国百佳图书出版单位

图书在版编目（CIP）数据

城市社区体育理论与实践研究 / 方奇著 . -- 长春：吉林出版集团股份有限公司, 2024.8. -- ISBN 978-7-5731-5699-0

Ⅰ. G812.4

中国国家版本馆 CIP 数据核字第 2024BC8206 号

城市社区体育理论与实践研究
CHENGSHI SHEQU TIYU LILUN YU SHIJIAN YANJIU

著　　者	方　奇
责任编辑	黄　群　杜　琳
封面设计	张　肖
开　　本	710mm×1000mm　　1/16
字　　数	185 千
印　　张	10.75
版　　次	2025 年 1 月第 1 版
印　　次	2025 年 1 月第 1 次印刷
印　　刷	天津和萱印刷有限公司

出　　版	吉林出版集团股份有限公司
发　　行	吉林出版集团股份有限公司
地　　址	吉林省长春市福祉大路 5788 号
邮　　编	130000
电　　话	0431-81629968
邮　　箱	11915286@qq.com
书　　号	ISBN 978-7-5731-5699-0
定　　价	65.00 元

版权所有　翻印必究

前　言

随着生活水平的不断提高,人们对体育活动的追求也不断加强。现在有越来越多的人来到社区满足自己的体育需求。社区体育组织形式灵活、活动内容丰富、健身效果明显,吸引了广大社区成员。社区体育起源于德国,之后传入美国和日本。国外学者对社区体育的研究从概念和项目展开,逐渐深入到社区体育产业、政策法规、社区体育的运营机制、社区体育俱乐部的建立和社区体育发展模式等各个方面。我国城市社区体育兴起于20世纪80年代,在此之后,社区体育作为社会体育的最佳组织形态,被人们广泛接受。

本书共分为五章。第一章为城市社区体育概述,分别介绍了城市社区体育的概念、要素和分类,城市社区体育发展的原则与必要性,城市社区体育发展的基本路径,城市社区体育资源的管理与开发,城市社区体育文化与学校体育文化五个方面的内容;第二章为城市社区体育理论基础,论述了城市公共体育的理论与政策、社区体育的理论与政策、城市社区体育的可持续发展机制;第三章为城市社区体育建设与社会发展,主要介绍了五个方面的内容,依次是城市社区体育建设的定位、城市社区体育建设的兴起与发展、经济转型期的城市社区体育建设、城市社区体育服务体系的构建、中国现代化城市社区体育建设;第四章为城市社区体育建设实践探索,阐述了城市社区体育中心的构建、配置及管理,城市社区体育俱乐部与社区体育场地设施的协同治理,智慧社区体育服务的模式、平台及产品,中国智慧社区体育服务的规范标准及典型案例;第五章为城市社区体育项目开发与管理,主要介绍了三个方面的内容,分别是常见城市社区体育健身项目的挖掘与开发、不同人群城市社区体育健身项目的利用与开发、城市社区体育管理。

在撰写本书的过程中，作者得到了许多专家、学者的帮助和指导，参考了大量的学术文献，在此表示真诚的感谢。由于作者水平有限，书中难免有疏漏之处，希望广大同行指正。

方奇

2023 年 6 月

目录

第一章 城市社区体育概述 ... 1
- 第一节 城市社区体育的概念、要素和分类 ... 1
- 第二节 城市社区体育发展的原则与必要性 ... 6
- 第三节 城市社区体育发展的基本路径 ... 10
- 第四节 城市社区体育资源的管理与开发 ... 14
- 第五节 城市社区体育文化与学校体育文化 ... 28

第二章 城市社区体育理论基础 ... 33
- 第一节 城市公共体育的理论与政策 ... 33
- 第二节 社区体育的理论与政策 ... 38
- 第三节 城市社区体育的可持续发展机制 ... 41

第三章 城市社区体育建设与社会发展 ... 45
- 第一节 城市社区体育建设的定位 ... 45
- 第二节 城市社区体育建设的兴起与发展 ... 53
- 第三节 经济转型期的城市社区体育建设 ... 59
- 第四节 城市社区体育服务体系的构建 ... 62
- 第五节 中国现代化城市社区体育建设 ... 66

第四章 城市社区体育建设实践探索 ································· 75
第一节 城市社区体育中心的构建、配置及管理 ············· 75
第二节 城市社区体育俱乐部与社区体育场地设施的协同治理 ·········· 82
第三节 智慧社区体育服务的模式、平台及产品 ············· 87
第四节 中国智慧社区体育服务的规范标准及典型案例 ·········· 96

第五章 城市社区体育项目开发与管理 ································ 103
第一节 常见城市社区体育健身项目的挖掘与开发 ············ 103
第二节 不同人群城市社区体育健身项目的利用与开发 ·········· 129
第三节 城市社区体育管理 ···································· 146

参考文献 ·· 163

第一章 城市社区体育概述

本章内容为城市社区体育概述，介绍了城市社区体育的概念、要素和分类，城市社区体育发展的原则与必要性，城市社区体育发展的基本路径，城市社区体育资源的管理与开发，城市社区体育文化与学校体育文化。

第一节 城市社区体育的概念、要素和分类

一、社区体育的概念

20世纪80年代后期，我国的社区体育开始以"区域性单位横向体育联合体——街道社区体协"的形式进行实践。1989年，"社区体育"概念于天津市河东区首次被提出来；1991年，有关民众体育管理部门（天津市体育委员会群众体育管理处、国家体育总局群众体育司）的工作人员开始对"社区体育"进行界定；1992年，体育理论研究生开始将目光投向社区体育领域；1993年11月，在南京举办的"全国职工体育论文报告会"上，首次将社区体育作为征文的内容之一。肖淑伦、李建国、王凯珍三位同志提交的三篇社区体育论文都获得了奖项，他们的文章都阐述了社区体育的含义。肖淑伦认为："社区体育就是以基层社区为单位，以社区成员为主体，实行政府部门支持、体育部门指导、社区部门参与、为社区成员提供社会保障的群众性体育活动。"[1] 李建国认为："社区体育是在居民生活区内由居民自主进行的群众体育活动，并且是通过体育活动建立相互良好关系和共同意识，促进地区社会化性的一种社会活动。"[2] 王凯珍认为："社区体育是指以基

---

[1] 俞继英.社区体育指导[M].北京：人民体育出版社，1997.
[2] 同[1].

层（微型）社区为区域范围，以辖区自然环境和体育设施为物质基础，以全体社区成员为主体，以满足社区成员的体育需求、增进社区感情为主要目的，就地就近开展的区域性体育活动。"[1] 以上观点均主张社区体育的覆盖面是基层社区，但应将其划分为行政区与生活区两个层次。这种说法有利有弊，其中，行政区域有利于人们的管理，但不方便人们的活动；生活区则有利于人们的活动，但不方便管理。人们一般认为社区成员应该是主体，分为居民和非居民（单位职工）。"居民论"强调的是邻里之间的紧密联系和共同的意识，"非居民论"则聚焦辖区内所有成员的需求得到合理满足。另外，除了强调其群众性，还着重提到了其与社会保障、社会活动和社区情感等社会方面的关联。

随着对社区体育本质更深入的认识，学者们从社区体育管理的角度出发，认为不应该对社区体育的区域进行明确的限定。吕树庭等认为："社区体育是社区成员以社会感情为契机，以自发性为原则，以一定的地域空间为依托，利用人工（设施）或自然环境，在行政的支援下，以推进《全民健身计划纲要》的实施为目的，有计划进行的组织化的体育活动。"[2] 任海等（1998）认为，对于社区体育的概念理解有三点需要注意：一是需要强调社区体育的区域性特点，但不应仅限于某个具体的区域层次；二是在界定社区体育的范畴时，需要将社区体育的实践和社区体育实践的管理采取不同的角度来区分；三是突出社区体育的基本任务和实质功能。这个观点可以为定义社区体育提供重要的方针指导和理论借鉴。

在对众多的定义进行归纳之后，可以得出社区体育具有与其他体育形式相区别的基本特征：

第一，它是具有区域性质的繁荣体育，覆盖的区域范围通常是基层社区。

第二，它是针对整个社区成员的体育活动。

第三，它将本社区提供的自然环境和体育设施作为物质基础。

第四，它的目的在于满足社区居民的体育需求，促进居民身体和心理健康，增强并拓展社区情感纽带。

---

[1] 王凯珍.对北京市城市社区体育现状的研究——兼论社区体育的定义及构成要素[J].体育科学，1994（5）：17-24.

[2] 吕树庭，饶纪乐.社会学视角下的社区体育——社区体育概念之管见[J].体育文史，1997（3）：17-18.

从上述定义可以看出，王凯珍的定义包含了社区体育的四个重要特征，是一种较为全面的反映。后来，在社区体育管理和研究方面，人们普遍接受这样一种定义：社区体育是指在人们共同生活的一定区域内（如街道或乡镇、居委会或村庄），以该区域的自然环境和体育设施为基础，以全体社区成员为主体，以满足社区成员的体育需求、促进身心健康和加强社区感情为主要目的，在附近便利地展开的区域性群众体育。

二、社区体育的构成要素

关于社区体育的构成要素，王凯珍、李建国、吕树庭、任海四位学者分别进行了研究。王凯珍通过专家评定法，得出六项构成要素：第一，一定区域内的人群，简称社区成员；第二，为保证社区体育正常开展而建立的体育组织；第三，必要的场地设施；第四，一定数量的体育指导员；第五，各种具体的体育活动；第六，一定的经费保证。[1]李建国认为，社区体育的基本结构由社区的四大要素、体育的五大要素构成。社区的四大要素，即共同意识（所属感）、社会关系（人际关系）、社会感情（社区态度）、公共设施（服务设施）；体育的五大要素，即作为体育活动物质条件的场地设施，作为体育活动主体的居民，作为保障体系的体育组织，实施体育服务的管理、指导人员和作为方法学要素的体育活动计划与方法。[2]

吕树庭等认为，社区体育构成要素有四个：第一，参加体育活动的人群；第二，体育活动的地域；第三，包括体育设施、体育行为、组织指导等在内的体育活动体系；第四，社区成员的认同感和归属感。以上的研究结果大多从体育活动的过程要素确定社区体育的结构，概括起来有六大构成要素，即社区体育组织、社区成员、场地设施、经费、管理者和指导者、社区体育活动。[3]任海将社区体

---

[1] 王凯珍.对北京市城市社区体育现状的研究——兼论社区体育的定义及构成要素[J].体育科学，1994（5）：17-24.

[2] 俞继英.社区体育指导[M].北京：人民体育出版社，1997.

[3] 吕树庭，饶纪乐.社会学视角下的社区体育——社区体育概念之管见[J].体育文史，1997（3）：17-18.

育六大构成要素之间的关系用框架图表现出来,如图1-1-1所示。[①]社区体育组织是社区体育的主导要素,社区成员是社区体育的活动主体,场地设施、经费是社区体育的物质保证,管理者、指导者是联系社区体育各要素之间的纽带,社区体育活动是社区体育的具体表现形式和直接目标。

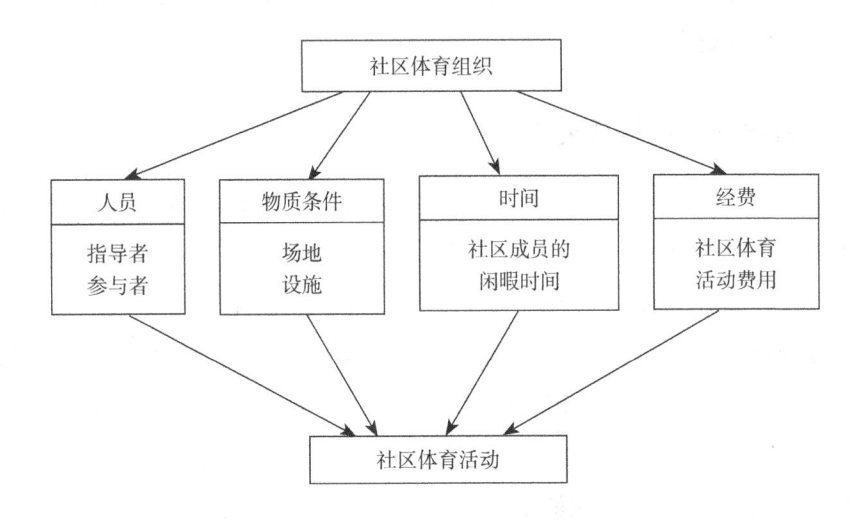

```
                    社区体育组织
         ┌───────┬──────┼──────┬───────┐
         ↓       ↓      ↓      ↓       ↓
       人员   物质条件  时间   经费
      指导者   场地   社区成员的  社区体育
      参与者   设施   闲暇时间   活动费用
         └───────┴──────┼──────┴───────┘
                        ↓
                    社区体育活动
```

图 1-1-1　社区体育要素构成关系图

社区体育的主体是社会体育的指导者和参与者,他们不仅是社区体育物质要素的创造者和使用者,还是连接社区体育各要素之间的纽带,承担着组织社区体育的重要使命。在体育活动中,社区成员之间形成了一种相互依存的关系,这种关系不仅是他们活动的结果,也是他们进行体育活动的必要条件。在体育指导者的组织和引导下,社区成员可以主动地参与体育活动,可以通过学习并掌握与体育锻炼有关的知识和技巧来满足自己的身体和心理的合理发展需要,进而构成社区体育的核心要素。

社区体育的发展离不开体育场地设施、社区成员的共同闲暇时间以及必要的活动经费等因素,这些因素共同构成了社区体育在空间、时间和能源三个基本维度上的根基,它们也是支撑社区体育发展的关键要素。体育活动场所可以划分为室内场所与室外场地两大类,其中室外场地又可分为运动场地与非运动场地两种

---

① 任海,王凯珍,王渡,等.我国城市社区体育的概念、构成要素及组织特征——对我国城市社区体育的探讨之一[J].体育与科学,1998(2):12-16,20.

类型。此外，人们的体育活动状况会受到体育活动场所规模的制约。当人们对体育产生需求时，他们需要在特定的活动场所中满足自己的需求，而这种场所的占有性则是体育文化的一个显著特征。因此，社区体育的成功与否取决于场地条件的优劣，体育场所是不可或缺的前提条件。

社区体育系统的完整性源于一系列相互协作的要素。因此，研究社区体育要素及其相互联系，对于推动我国社区体育健康有序地向前发展具有十分重要的意义。需要明确的是，不同层次、不同类型的社区在社区体育要素的完整性和发展水平方面存在显著的差异；社区体育繁荣与否，取决于各要素之间的协调程度，如果不协调，就会直接或间接地阻碍整个社会体育事业的健康发展。因此，在社区体育工作中，必须始终坚持协调各要素的发展，以确保社区体育事业的可持续发展。

三、社区体育的分类

（一）按参与单元和活动范围分类

现实中的社区体育参与单元和活动范围种类较多，常见的体育方式包括个人锻炼、家庭运动、邻里互动、微型社区活动和基层组织的社区运动五种类型。社区体育活动可以以不同单位为基础，如个人、家庭、邻里（楼群、庭院或胡同）、居委会（微型社区），并参与不同规模的体育活动和比赛。

（二）按消费类型分类

根据我国居民的消费方式，社区体育可以分为福利型、便民型和营利型三大类。福利型社区体育的对象是具有特殊需求的人群，具体包括老年人、儿童、残障人士、社会弱势群体以及受到国家优抚的人员等。便民型社区体育是一种能给所有人带来便利的活动。营利型社区体育活动主要针对中高收入、白领阶层。

（三）按活动时间分类

按照活动时间的差异，体育活动可以划分为三类：日常性体育活动（晨练、晚练）、节假日体育活动（节日、周末以及学生寒暑假体育活动）、经常性体育活动（俱乐部活动）。

（四）按组织类型分类

从组织类型角度来看，社区体育可以分为两种，即自主松散型和行政主导型。自主松散型社区体育就是早晚的体育锻炼、社区单项体育协会等自主、松散的社区体育形式。行政主导型社区体育则主要由社区体育服务中心、社区体育俱乐部、街道社区体协等机构负责运营的具有主导性的体育形式。

（五）按参与人群分类

根据参与人群的差异，可以将体育项目划分为六大类，即面向婴幼儿、面向学生、面向在职人员、面向退休人员、面向特殊人群、面向流动人群的体育项目。

（六）按活动空间分类

按照活动空间的差异，体育活动可以划分为庭院体育、公园体育、单位辖区体育、公共体育场所体育以及其他场所体育。另外，其运动项目还可以划分为室内、室外的两种运动项目。从二元社会结构的角度，可以将社区体育划分为城市与农村两种类型。按照我国经济学者提出的新三元经济结构论，又可以将社区体育分为三大类，即城市、集镇、农村社区体育。以上三种类型的划分并没有改变其基本内涵。社区体育包括在市区、市辖区、区辖区及街道辖区内开展的体育活动。社区运动的研究，可延伸至工业、文化及商业社会，以便更好地理解其中的运动现象，这三种类型并不会改变社区体育的本质含义。

第二节　城市社区体育发展的原则与必要性

一、城市社区体育发展的原则

（一）闲适原则

城市的生活相对节奏快、压力大，而社区可以帮助人们远离生活的条条框框，远离各种纷争和干扰。在社区中，人们可以得到教育、医疗等生活服务，当然，人们也可以在社区中奉献自己的力量来为他人服务，获得精神上的满足。

（二）人本原则

为实现社区体育的人文关怀，还要坚持人本原则。人本原则主要体现在以下三个方面：

1. 非强制性

社区体育建设的目的是让人们的社区生活更加丰富，因此都不带有任何的功利色彩，当然也没有强制性。在社区体育发展中，居民会自发组织各种运动协会，人们可以根据自己的需求和兴趣选择自己喜欢的项目，这体现了人性化和自由化的特点。

2. 可选择性

社区体育活动在项目、内容、方式和参与的类型上都有很大的自由性和选择性，人们可以自主选择自己感兴趣的项目。

社区体育作为群众体育的主要组成部分，群众体育活动所具有的特征，社区体育也同样具有。社区体育项目门类齐全，活动的内容十分丰富，并且拥有多变的活动方式。在体育活动中，像健身、娱乐和康复活动等运动形式是非常适合在社区中开展的，社区为这些运动形式提供了空间和环境，各种运动为人们的生存发展和身体素质提供基础。社区体育活动给人们提供了多种类型的选择机会：个体可以根据自己的兴趣爱好，选择适合自己年龄阶段、身体条件的活动项目，包括竞技项目、民族传统体育项目、地方特色项目等；个体可以根据个人的偏好选择不同类型的体育参与形式，如个人型、家庭型和集体型等；依照集体参与者的人群特征和数量等多种特点，并根据实际的场地、器材等状况，选定合适的项目标准；根据实际需要有选择地商定、制定、修改规则和规程。社区体育的可选择性让更多参与者根据自己的需要考虑选择的问题，这样个体在自由的氛围下可以更好地发展自己。

3. 高度的灵活性

社区体育的灵活性可以在许多方面得以体现，如组织形式、经费来源以及场地建设等。社区体育活动的管理采用的是群众体育管理体制，即以体育行政部门为主导，由居民委员会和基层体育组织参与，运用"条块结合"和"以块为主"

等灵活多变的组织形式，激发了参与者和组织者的积极性，重视并满足了体育参与者的需求。

社区体育活动的形式多种多样。例如，有些活动倾向于日常的晨练，如功、操、拳、舞、剑等都是晨练的项目；还有些活动充满定时性，具有竞赛性质。在社区还有家庭游戏、老年人竞走等活动。社区活动主要是以提供娱乐、健康为宗旨。在开展社区体育的过程中，可以从政府补贴、企业捐赠、商家赞助、咨询收入等方面得到资金支持。社区体育场地设施与大型体育场馆有着显著的不同，社区体育场地设施更注重实用，充分考虑了人们健身的实际需要。因此，社区体育场地的特点在于其具有灵活多变的形式，很多场地都可以作为体育场地，无论是公园、绿地，还是空地和小径等。社区体育场地相比于大型体育场馆更加贴近人们的日常生活，建设好社区体育场地需要将扰民等问题考虑在内，提高服务质量。

社区体育是一种接近人性的体育种类，因此其发展和服务的理念要以人为本，这也是体育人文精神的体现。

二、城市社区体育发展的必要性

（一）社会转型的要求

1. 社区体育发展的重要性

随着改革开放的深入和扩大，社会经济得到迅速发展，人们开始从"单位人"向"社区人""社会人"转变。人们在社区中的活动越来越频繁，社区成为人们日常活动的主要基地。作为人们生活的重要组成部分，体育活动的需求不断增加，基层社区越来越有担负体育整合、体育服务和体育管理功能的责任，社区体育的发展势在必行。

市场经济不断发展，我们的经济类型也向着多元化的方向转变。社区体育成为国民体质提高和健康管理的重要途径，在这种情况下，社区必须进一步发展体育服务、健康管理乃至教育、培训功能。

城市居民的生活方式向着"小康型"方向发展，这就要求社区全方位发展。改善社区成员体育锻炼和健身的环境是促进社区发展的主要途径之一。

随着社会主义精神文明建设的深入，人们迫切要求开展社区建设活动。社区体育有利于形成健康的生活方式，有利于建立社区文化，有利于形成共同意识，有利于建立良好的人际关系，有利于形成良好的道德作风，因此社区体育是实施社区精神文明建设的重要手段。

2.社会转型对社区体育发展的影响

社区体育是社会转型的产物，必须和社会形势相适应。社区体育的发展和社会转型有很密切的联系，社会转型也会影响社区体育的发展。

社会组织系统转型使基层社会组织的自主性得到提高，区域性组织的重要性越来越明显。

政府的管理也从微观向着宏观调控转变，这样地区就形成社会自治的形式，有利于社区体育组织的发展。

（二）人们健康观念改变的要求

健康是人们的理想和追求，要想有一个健康的身体和健康的人生，就需要通过体育锻炼、体育活动和体育养生来促进实现。首先，体育具有促进生理健康的功能，因此人们适度地进行体育活动可以给身体带来很多好处，帮助大脑供血和供氧；体育运动能促进大脑进入兴奋状态，这样也有利于中枢神经系统工作效率的提高；促进人体骨骼、肌肉的成长发育；促使脏器构造的改善和机能的提高。其次，在心理健康方面，体育运动也有重要的作用。人们适当地进行体育锻炼可以调节心理状态的平衡，让人们充满生机和活力。再次，人们的思想和意识品质可以通过体育锻炼来提高，不同的人群都可以在体育项目中找到适合自己的锻炼内容，体育锻炼可以促进人们真、善、美品质的养成，实现人格的自我完善。最后，体育锻炼可以帮助人们提升适应外界环境的能力。

（三）人们生活方式改变的要求

生活方式是人们在客观条件的制约下生活活动的典型和总体特征，是社会整体结构及其运行状况的具体反映形式。一般来说，提到生活方式，人们大多联想到的是物质消费活动和闲暇时间活动。但其实这两项内容只是生活方式中的两种，生活方式包括人们社会生活的所有领域的全部活动，如人的精神活动、社会生活等都属于生活方式。

生活方式对社会生活的各个方面都会产生重大影响，包括社会生产、社会服务、家庭生活、人际交往、社会风气等。生活方式不同，物质文化的需求和消费方式也会不同。不同的生活方式对衣食住行的要求会有不同的标准，甚至还会影响人们的审美观念。另外，不同的生活方式也会影响人们生活起居的规律。可以说，生活方式影响社会生活的方方面面。

第三节 城市社区体育发展的基本路径

一、优化社区体育指导员队伍建设

（一）增加社区体育健身指导员总量

社区体育工作能够获得全面提升最为关键的是人力资源。政府为推动社区体育的发展，需要尽快制定并推出体育人才跨界服务的政策，将跨界到社区体育服务的人才的积极性调动起来，最终实现体育人力资源的共享。在同一个行政区域的社区之间或者不同行政区域的社区之间，实行体育人才和管理者的跨界岗位学习交流机制，同时也要完善社区体育指导员岗位机制、社会体育俱乐部教练共享机制、体育志愿者（体育专业学生、教师、运动员）服务社区机制等。加大对社区体育的宣传力度，利用电视网络或者各种媒体鼓励居民参与社区志愿服务，让社会各界人士增强对社区跨界服务的积极性，并且对优秀的人才和服务与管理人员予以奖励，设立专项的奖励基金，形成各界人力资源跨界服务社区体育模式。

（二）提高社区体育健身指导员质量

近10年来，随着我国群众体育的快速发展，社会体育指导员队伍也在不断壮大，总数在快速增加，但社会体育指导员的健身指导并不能满足广大群众日益增长的健身指导需求，因此需要建立长期的培训机制。首先，国家和地方各级体育行政机构应将社区体育指导员培训工作常态化，建立国家、省、市、县四级培训基地，规定现有的社会指导员每年至少接受一次集中培训，提升其业务能力和学习新的技能。其次，建议在体育院校设置社会体育指导员专业，专门培养全民健身需要的社会体育指导员。最后，鼓励民间体育传承人、社会体育达人、体育爱好者通过培训获得社会体育指导员等级资格。

(三)成立社区体育健身指导员委员会

从我国社区体育发展的需要出发,由各级政府体育行政部门主导成立社会体育指导员协会,将社区体育指导员纳入各级协会进行统一管理。成立由社区行政管理部门——街道管理委员会主导,居民委员会负责,各类体育组织广泛参与的社区体育健身指导委员会。将社会体育指导员、社区体育工作者纳入政府行政人员编制,建立覆盖城乡社区的健身指导员网络体系。

二、优化社区体育设施建设

(一)改革社区体育管理体制

社区体育资源的管理改革,首先要从改革社区管理体制入手。在改革的过程中,政府占据主导地位,地方政府要努力实现各方面的体育资源共享,社区与学校、企业之间都可以进行健身场地和器材等方面的共享,如出台一些"学校运动场地设施向居民开放奖励政策""单位运动场地设施向居民开放补贴政策""企业、组织运动场地设施向居民开放税收优惠政策"等,将体育资源向广大的居民开放,让更多的居民能够使用上共享的体育资源。另外,大型公共体育场馆在规划建设时需要政府考虑场馆的功能,场馆建设的主要用途是为广大人民服务,要先考虑居民的真正需求,因此需要将场馆建设在社区内,并且尽量使其体现公益性质,以免费或者低收费的形式向居民开放。

(二)加强体育资源配置改革

我国现在实行的是社会主义市场经济,政府的功能是宏观调控。社区的体育资源配置需要政府客观把控,政府作为主导,要根据社区体育的建设情况出台相应的激励政策,让更多的企业、单位和个人等投入社区的体育资源建设中,形成社区体育资源多元供给体系。

1. 资金筹措渠道方面

我国社区体育的资金来源渠道主要是行政拨款,这也是由我国的社会经济发展现状决定的。政府对社区资金的支持不仅是在支出数额上增加,还要在经费的支出结构上进行配置,专门为社区体育的发展设立专项经费,同时将社区体育发展资金比例提高。另外，除了政府的行政拨款，社会资金的吸纳也是必要的资金来源，可以通过赞助和冠名的形式吸引更多的社会组织和企业为社区体育建设注资，逐渐形成由政府拨款为主到政府、企业、社会和个人联合融资的形式转变。

2. 信息服务网络平台建设方面

社区体育建设中需要建立信息服务网络平台为居民提供更多的服务，居民可以通过信息网络平台获得更多的社区体育信息。信息服务网络平台的建立是以社区为单位的，为了维护和保障网站的正常运行，需要安排专职人员进行管理；要建立社区体育信息沟通网络，将社区体育服务的人力资源范围扩大，引进各种体育组织、专家团、服务志愿者团等，让社区的体育服务信息更加专业，来源更加广泛；建立社区管理工作站和通信、互联网、广播电视等企业的合作机制，善于采用现代的新媒体技术，建立起综合的、全面的社区体育信息服务系统。

3. 资源配置与管理方面

在社区体育资源的配置和管理方面，要将多种方式结合起来。管理者可以运用访谈、问卷和网上调查等方式，全面了解居民的意见和建议，尤其对一些关键问题，诸如"社区有多少体育资源""居民有怎样的需求""如何高效率地利用资源"等，一定要明确规定，先将现有的资源整合起来，再根据居民的实际需求优先安排。针对管理人员队伍建设，要建立人事部门、体育部门和街道社区居委会联合培养机制，同时要针对相关管理人员完善好规章制度的约束，也要对管理人员加强业务培训，提高管理人员的管理水平。

三、优化社区体育场地器材管理

社会体育活动的开展，离不开对社区体育场地器材的管理。只有对社区体育场地器材做到情况明、底数清、抓管理、重效果，并争取到足够的资金来源，才能使社会体育的发展得到可靠保障。在此提出以下三条主要管理措施：

（一）抓摸底建档

对社区体育场地器材进行摸底建档，就是在对其进行全面调查的基础上，绘制出一份场地图。场地图的内容包括场地方位、场地种类、场地面积、建造时间，以及器材分布及其规格、质量等，这些内容应全部用平面图标出，并把投资、历史、现实等情况记载下来。在此基础上登记造册，建立较为完善的关于社区体育场地器材的资料。如果能这样年复一年摸底建档，就能及时掌握社区体育场地器材的建设、维修与变化情况，便于统一管理；若出现问题也能及时解决，确保场地器材使用的稳定性和长期性，从而进一步提高它们的使用效率。

（二）抓管理制度

这主要包括：对登记在册的社区体育场地器材的资料每三年进行一次补充完善；每年开展一次对社区体育场地器材管理情况的检查与评比，通过召开现场会、评选奖励先进等方式促进管理水平不断提高；对管理社区体育场地器材的人员定期加以培训；在每月月初确定当月需要维修的社区体育场地器材，并在月末对维修情况加以检查等。

（三）建立专项专管机制

这些工作主要包括：负责场地的日常维护与保养，保持场地内的环境卫生；负责场地的环境美化，包括场地绿化、装饰及草坪场地的管理养护等工作；负责各类社区体育运动会的场地工作，包括赛前的画线、平整场地，赛后的清理场地等工作；维护与保养社区体育器材等。

四、政策方面

（一）提供扶持政策

国家社科基金"九五"规划重点项目《城市社区发展国际比较研究》认为：我国社区管理组织的理想模式，是采用政府参与的纵向管理组织体系与横向的社区居民自治管理组织同步、协调发展的纵横相接的社区管理组织模式。

目前，我国以街道行政区域作为社区建设的操作层必然要向居民自治组织发展，要大力培育和发展社区非营利性体育组织，日本等国家社区体育的发展中俱乐部的巨大作用为此提供了佐证。我国在接下来的社区体育改革中应该在立法中多出台一些减免税收的优惠政策，激励更多的个体、组织和社会企业单位投入到成立社区中的非营利性体育组织中，这些组织帮助政府解决社区体育建设的各种问题，参与承担社区体育的组织和管理工作，同时也可以创造出更多的就业机会。

（二）立法建议

目前，我国还需要更多的配套设施。应将体育场地设施建设作为保障，其中最主要的是落实中小学体育场地的开放。关于城建居民小区体育场地设施配套建设无法统一规定，但很多地方根据当地实际情况，推出了相关法规，如《深圳经济特区全民健身若干规定》《厦门市体育设施建设和保护规定》《北京市人民政府关于新建改建居住区公共服务设施配套建设实行指标管理的通知》。

第四节 城市社区体育资源的管理与开发

一、社区体育资源概述

（一）相关概念

1. 公共资源

公共资源属于自然资源，是指自然界的一切可以为社会大众所利用、分享和保护的资源。这类资源产权界定不明晰，在使用上具有非排他性，可以参与共享，因此也可以称为共享资源、共同财产资源、非独占性资源、开放式资源和非管理性资源等。比如，江河中的水资源、修筑的公路、大自然的空气等。当然，江河湖海里的水产品和山中生长的野生动植物也属于公共资源，可供人们依法获取。公共资源也会对社会生产和生活带来影响，可以作为一种环境因素。比如，如果附近的河流或者湖泊等水体在颜色上发生变化，或者散发出难闻的气味，或者在水面上堆积、漂浮着垃圾等，人们在视觉和嗅觉上感受到就会产生厌恶的反应，这些水资源如果还是人们的饮用水来源，就很有可能影响人们的身体健康，所以说这些水体资源决定着人们的生活环境质量。人们生活在地球上，大自然会向人们提供赖以生存的空气、食物以及生存的空间，与此同时，这些资源经过人类等生物的使用还会产生废气、废物等。所以，环境是人们生活和生产中不可缺少的要素，因此环境就是一种公共资源。环境可供人们生存和生产利用，同时人们经过生存和生产又会形成新的环境，公共资源和环境有着密不可分的关系。

公共资源的基本特征有以下四点：

（1）资源的共享性

无论是单位还是个人，只要有一定的能力和意愿，都可以利用公共资源，并且是不受限制的。比如，国际公海中的渔业资源、南极大陆的自然资源以及宇宙空间中的资源，因为这些资源是不属于某一个人的，所以任何国家和组织、个人都可以使用。

（2）供给的不可分性

一些公共资源依据现在的技术能力不能被分割，也不能分开给人们使用，如清洁的空气是不能分割开的，每个人都要在同一个空间下呼吸。另外，有一些资源可能用先进的技术能够做到分割的效果，但是因为分割的技术需要的成本太高，或者有些资源被分割后会使得原本的功能降低，所以这些资源也没必要分割，如大自然中一些优美的风景，这些风景如果按照使用者的情况分割出去，就破坏了环境的完整性，风景的观赏价值必然降低。还有些公共资源虽然可以做到限制一部分人使用，但是很可能会违反帕累托最优原则，所以是不应该、也不必要分割的。

（3）外部性问题及拥挤性

首先，公共资源如果产生外部性，就可能造成破坏和污染。通俗来说，就是一种资源如果一个人使用了会对他人产生影响。比如，一部分人将一处水资源据为己有，不允许他人使用；一处雪山如果用作滑雪场地的建设，就会影响他人对这处雪景的欣赏；工厂将生产的工业废水、废气排出会引起大气和水资源的污染。公共资源的开发和利用是有一定限制的，如果超过了资源的承受能力，就会对使用者产生干扰和排斥，让其他成员承担自己破坏的代价，形成外部效果或者外部性。其次，公共资源被过度使用会形成拥挤。公共资源在一定时期内所提供的服务不是没有限制的，有些资源甚至在总量上是有限的，如果大量的使用者同时开发使用，就会使得公共资源出现一定程度上的拥挤，造成一定的损害。

（4）管理的必要性

利用公共资源时，使用者对资源的过度使用会让公共资源产生外部性，这种情况是不进入单位和个人的决策模型的，如果不加以管理制止，就会使资源的利用效率超出社会最优水平，使公共资源过度开发利用，资源在这种情况下很快会遭到破坏。

2. 体育资源

体育项目的顺利实施和完成一般都是有特定条件的，并且这些项目有自己专门的完成场地，这些条件和场地就是体育的自然资源。体育是人类独有的人体行为，因此创造体育、实践体育、学习体育和传播体育都只有人类才能完成，并且这些实践需要在一定的社会环境中才能做到。可以说社会资源是体育产生的必要条件。人类体育活动的资源就是自然资源和社会资源的结合。

体育资源是资源体系的一部分，它的概念界定其实和旅游资源或者政治资源相同，体育的形成和发展是以体育资源为基础的。对于体育资源的定义一直没有明确下来，体育资源的研究就是从1990年开始的，有一些研究提到了"体育资源"这个词，并且在之后的研究中也多次提到，但是并没有对这一概念作出完整详细的解释和说明。对"体育资源"这一概念的界定，学术界主要有三种见解：

第一种，一些有利于人们增强体质、提高运动技能水平的社会资源和自然条件，其潜在拥有状况就是体育资源。因此，体育资源主要包含两部分内容：自然资源，如地理环境或者气候条件资源；社会资源，如科技、教育、物质、传统等。

第二种，体育资源就是人们从事体育生产或体育活动所利用或可利用的各类条件及要素。从内容上划分，体育资源可以分为有形的物质资源和无形的非物质资源。

第三种，体育资源指的是一个社会用于体育活动，以扩大参与体育活动的人群和提高竞技运动水平而在物质、资本、人力、时间、信息等方面的投入。

根据上述三种对体育资源概念的界定，我们可以总结出体育资源就是人们从事体育生产或体育活动所利用或可利用的各类条件及要素。不同的角度有不同的解释：从内容角度来看，体育资源可以包含有形的物质资源和无形的非物质资源；从范围角度来看，体育资源不仅涉及体育产业资源，还包含其他产业资源，体育资源包含自然资源和社会资源两类。

3.公共体育资源

学术界对公共体育资源的概念持有不同的观点。有些学者认为公共体育资源指的是用来进行体育事业社会管理和公共服务的人力、物力和财力以及信息等要素的总称，具有公共物品性质，并且被政府管控主导；还有些学者认为公共体育是公共体育资源的上位概念，虽然"公共体育"这个概念较少出现，但是由此衍生出来的"公共体育场馆""公共体育设施"等概念却得到广泛应用。公共体育资源也包括有形资源和无形资源。

4.社区体育资源

社区体育资源是对体育资源概念的延伸。体育资源的概念在研究后也有很多界定的角度，但是学术界尚未达成共识。在体育资源的研究基础上，学术界又提出社区体育资源的概念。对于社区体育资源的界定，有的学者认为一些能满足社区居民体育活动所需的物质和非物质的要素就是社区体育资源，还有些学者认为社区体育资源是社区中存在的、可以被社区的体育人群利用的财富总和。

（二）影响因素

建立资源共享机制，首先要明确影响资源共享的因素。从经济学的角度看，影响资源共享的主要因素一般包括：资源拥有者（管理者）的内在动力、资源共享环境和资源共享目标。

1.资源拥有者（管理者）的内在动力

从经济学的角度看，资源拥有者是否选择与其他人共享资源，主要取决于共享成本与收益。如果他认为专有资源比共享该资源获益更大时，他就可能反对共享；反之，他就会寻求有效的共享途径。

2.资源共享环境

从资源使用的角度看，资源共享环境主要包括政策资源环境、设备资源环境、信息资源平台环境和资源使用环境。其中，政策资源环境是实现资源共享的根本保证，设备资源环境是资源共享的基础，信息资源平台环境是资源共享的途径，资源使用环境是资源共享的基本条件。

（1）政策资源环境

政策资源环境是指为实现资源共享的目标而制定的一系列政策、法规和制度。

就社区体育而言，就是国家和地方政府出台的社区体育发展政策、法规，社区体育资源建设规划、使用制度、管理规定等。政策资源环境从法律层面规定了居民参与体育活动的权利、政府提供基本公共体育服务的义务和社区体育发展的资金保障、社会体育组织（企业）和个人参与社区体育发展的方式和途径，从社会发展和国家需要的角度为社区体育发展指明了方向，明确了方式和方法，构建了和谐、高效、持续的社区体育良好发展环境。改革开放40多年来，我国社区体育飞速发展，取得了瞩目的成绩，其中起决定性作用的是国家和地方政府在不同时期及时出台的与社区体育发展需要相适应的政策、法规。

（2）设备资源环境

设备资源环境是指资源共享的硬件设施，包括设施的数量、质量和分布等。社区体育的设备资源自然是分布陈设在社区中的，因此这种设备的资源环境就涉及社区的体育场馆数量与面积、器材数量与质量、健身项目布局与结构等。这些环境资源情况能对居民参与社区体育活动的积极性产生直接影响，居民有多少人参与体育活动、居民的健身效果等都受到设备资源环境影响，设备资源环境本身也是社区体育资源实现共享的基础，所以政府、社会和体育相关企业、单位要将这一方面当作发展社区体育的重点。社区体育建设在近几年得到了国家和政府的大力支持，国家投入大量的资金以供建设，同时采用市场的方式激励、引导更多的社会资本投入社区体育设施建设，从而使我国的社区体育得到快速发展。

（3）信息资源平台环境

信息资源平台环境是社区体育健身服务网络系统，构建的基础就是互联网的应用，当然要根据社区居民体育建设的需求来构建。信息资源平台环境包括网络平台的设计与维护、信息的更新与反馈、交流互动与服务。社区的居民不但可以利用平台学习体育健身知识，也可以对国家的体育方针政策进行实时了解，熟悉社区的体育服务现状，从而将自己的健身计划安排得更加合理，并且居民也可以通过平台的交流版块相互交流学习健身经验，提出自己对社区体育服务的建议，以及在平台上共享各种资源和信息。当前，社区居民健身的网站、App、微信群等十分丰富，居民有更多的渠道获取健身的信息，实现了社区体育资源的共享。

(4) 资源使用环境

资源使用环境是指资源使用过程中的主、客观条件，包括社区体育健身的氛围、场馆设施的环保状况、场馆设施使用的便捷程度、人性化的健身指导服务、科学合理高效的管理方式。资源使用环境直接影响着全民健身活动的积极性和健身效果，决定着社区体育资源的使用效率和共享效率。

3. 资源共享目标

从经济学角度看，资源共享目标是指资源共享主体之间达成的资源共同使用所带来的利益分配。从社会学的角度看，资源共享的目标是实现资源的高效利用，用最少的资源实现社会整体利益的最大化。就社区体育资源共享而言，政府可以通过资源共享达到社区、学校、企业、社会组织与个人的体育资源有机整合，实现区域内体育资源利用效率最大化，进而达到全面提高人们的体质健康水平，促进社会和谐发展，实现人们美好幸福生活的目标。社区通过资源共享，能够有效提高体育资源的使用效率，提高社区体育服务水平，实现居民人人享有体育健身的权利、机会和条件，丰富社区居民体育文化生活的目标。学校可以通过与社区共享体育资源，达到服务社会、宣传学校、利用社区教育资源的目的，从而实现提升学校社会地位、扩大教育资源、与社会高度融合、全方位育人的目标。企业可以通过为社区提供体育资源共享，达到树立企业形象、提升企业利润、宣传企业文化的目的，实现企业可持续发展的目标。社会组织和个人通过为社区提供体育资源共享，可以实现提升自身声誉、实现自身社会价值的目的。因此，从资源共享的目标来看，社区体育资源的管理者和拥有者都可以通过资源共享，获得经济的或社会的巨大效益。

社区体育发展的理想目标是实现社区体育资源的共享，但是我们也要认识到，实现社区体育资源共享也是有一些影响的。社区的体育资源如果实现共享，参与社区体育活动的学校、企业和组织中的人数就会不断增加，并且范围也会扩大，相应的资源的维护成本也会增加，如果资源共享后效益的增长跟不上共享成本的增长，资源共享就会被抵制。为了杜绝这种情况的发生，要对社区体育资源的共享进行科学的监控和管理，制定实施制度和政策进行约束协调，优化社区体育资源共享体系。

二、社区体育资源合理配置

（一）目标

1. 人道目标

"人道目标"指的是对世界上的每一个生命都要持平等的眼光，善待每一个生命，并且让每一个生命都能成为完整的生命。在这个基础上，对每个人都能平等，让人们成为真正的人，也要让自己成为完整的人。

体育具有全民性和公益性，体育资源的配置也要遵守公平性原则，了解和兼顾各方需求。体育资源的配置一定要向着公平、协调发展，任何居民都能平等享受到国家改革发展的成果。社区公共体育资源的配置要使每个居民都享有体育的权利。

2. 价值目标

城市社区公共体育资源的配置要注意多方面内容，除了确保分配的公平、公正，还要注意最大限度地发挥出资源的效率，使资源的使用价值得以提高，从而更好地满足居民强身健体的需求。在社区公共体育资源的配置过程中，最能体现政府权力的表现形式就是体育资源的分配活动。体育资源的分配必然要体现出公平、公正和公开的特性。坚持"公平和效率相统一"，是体育资源真正追求的价值目标，有着很重要的理论意义和现实意义。将这种理念作为体育资源分配的基础，才能确保社区公共体育资源有一个正确的价值取向。

3. 责任目标

责任目标的明确是确保城市社区公共体育资源优化配置的重要起点。城市社区公共体育依赖社区公共体育资源配置来发展和生存，政府也将社区公共体育资源的调配作为工作的重点和中心。在现代社会，伴随着城市人口的大量增加，城市资源面临匮乏局面，因此更加需要将社区公共体育资源的管理水平加以提高。需要实行责任目标成本管理来适应城市的发展状况，也可以提高省、市、社区公共体育的社会效益，促使城市社区体育不断发展壮大。城市社区公共体育资源配置的责任目标分为三步：首先，坚持"方案先行，责任先划，指标先定，合同先立"

的工作原则,制定科学合理的责任目标;其次,建立并实施好"干前预算,干中核算,边干边算,干后结算"全方位、全过程的成本资源责任目标控制流程;最后,真正落实责任目标与城市居民个人切身利益紧密结合起来的激励约束制度。

（二）原则

1. 保障公民权利,推崇普惠性原则

社区公共体育资源属于公共资源,不属于任何组织或个人,是全体社会成员的共同财产,所以不允许任何个人或组织独占。对公共资源的使用也是人的权利的一部分。社区公共体育资源与人的权利有直接关系,首先,社区公共体育资源的公共属性反映人权内涵;其次,资源的使用效用影响社区公民的人权实现状况。总的来说,社区公共资源配置关乎公民人权的实现问题。

在资源配置能够体现公平的基础上,每一位社区公民都能享受到经济社会和体育发展的成果。社区公共体育的普惠性就是要为社区居民提供充足的设施和场地,也包含参与使用的机会。要确保每一位公民的权利,为居民提供适合的体育锻炼资源。

2. 社会效益优先,兼顾经济效益原则

公益性事业放在首位的就是社会效益,作为公益性事业的社区公共体育服务,自然也要将社会效益放在首位,在体育资源的配置中要坚持"社会效益优先"的原则,坚持将促进居民身心健康的工作放在重要位置来进行。当然,社会效益作为首要目标并不是说经济效益就不重要了,近几年体育产业作为第三产业的发展势头迅猛,体育消费市场不断扩大,体育产业可以拉动经济增长,解决就业问题,所以要将体育的公益性和商业开放性都重视起来。政府在宏观调控上主导发展方向和目标,市场进行调节资源配置,两者结合起来可以促进社区体育公共资源的合理配置。

3. 确保整体效益,体现有序调配原则

社区公共体育资源在配置的过程中要协调好整体和部分的关系,运用整体效益观来做指导,将资源配置的整体功效不断放大。在实际的资源配置中,要从各个方面、阶段和因素考虑,根据总体目标,具体情况具体分析,协调好各部分之间的关系，将整体和局部协调起来，发挥好整体效应。在城市社区公共体育资源整体规划与调配过程中，有必要建立一定的系统结构，用一个纵横交错的立体网络模式实现资源的有序性流动，按照一定顺序，分层次、分步骤、有计划地进行。

4. 政府投入和社会运作相结合原则

体育产业既有公益性特点，又有商业开发性特点，因此具有经济和社会双重属性。社区公共体育资源配置中有两个配置主体，分别是政府和社会。公共体育因为其公益性要纳入国民经济和社会发展规划中，国家应予以财政支持。

5. 必要性与可行性相统一的原则

社区公共体育资源的合理配置，需要先对我国的体育资源情况和分布全面掌握，并且实时监测资源开发利用情况，对资源的潜力进行分析，建立资源安全预警机制。在总体上对体育资源进行全面详细的把控，有助于提高体育资源参与宏观调控的主动性、科学性。对体育资源进行合理的调配和规划，能够提高资源管理水平，促进高效管理、科学决策和依法行政。而且通过对体育资源进行合理的配置，还能够激发居民参与体育锻炼的积极性，也促进了国民生活质量和健康质量的提高，从而带动整体城市体育的健康发展。

在制订体育资源战略规划的过程中要将一切步骤都建立在对实际情况详细掌握的基础上，做好现状调研，让规划更加科学、高效。并且在实施的过程中分阶段、分时期地推进，让资源的战略规划的具体对策和社会发展的基本规律相符，这样才能使社区公共体育资源的分配工作必要且可行。

三、社区体育资源共享机制的构建

（一）构建组织管理机制

目前，我国社区公共体育工作主要由社区居委会在市（县）体育局领导下自主开展，由于居委会的管理权有限，很难实现社区内体育资源的整合与共享。社区内体育资源所有权（管理权）分别属于不同的系统（组织），要把它们整合成一个有机的整体为全体居民所利用，就必须建立各方参与的联合管理、协调机制。

充分发挥政府部门（体育局、教育局和文化局）的主导作用，联合有关部门，建立社区公共体育资源共享管理机构，可以将其命名为社区公共体育联合委员会，专门负责制定社区公共体育资源共享政策，统筹配置社区公共体育资源，协调社区公共体育活动安排，管理与监督社区公共体育发展事务。其成员由政府相关部门代表、社区公共体育管理代表、学校体育管理代表、企业和社会体育组织代表等构成。

构建社区公共体育联合委员会要注意三方面内容：首先，坚持"政府主导、市场调节"的理念。发挥政府的主导作用，做好社区公共体育发展的顶层设计，运用立法的手段建立相应的社区公共体育资源配置与共享的法规政策，并协调各方配合实施。发挥市场的调节作用，充分运用市场经济的调节机制，引入企业、社会和个人的体育资源为社区公共体育发展服务。其次，建立社区公共体育联合委员会例会制度。定期召开委员会成员工作会议，协调处理社区公共体育发展与资源共享过程中遇到的问题，保障社区公共体育资源的共享。最后，培育第三方社区公共体育服务组织。社区公共体育健身活动是一个包含有效组织、科学指导、效果评估的综合性活动，必须由专业的人员来完成，必须走专业化发展之路。

（二）构建多元供给机制

地方政府作为社区公共体育资源的主要供给者和管理者，要改变目前社区公共体育资源的问题，就必须建立社区公共体育资源的多元供给机制，提升资源拥有者的内在动力。

（三）改善资源共享环境

1. 完善政策体系

政策是行动的指南，只有建立完善的社区公共体育发展政策体系，才能全面有效地推进社区公共体育的发展。从资源共享的角度看，政策的对象是资源提供者（管理者）与资源使用者，具体内容应包括：权利与义务、行为与标准、责任与范围等。从目前已有的政策看，《中华人民共和国体育法》《全民健身条例》《全民健身计划》从国家层面规定了政府、组织和公民在社区公共体育资源建设、管理、使用等方面的责任、权利和义务，地方（县、市）政府也出台了相应的社区公共体育发展政策，这些政策大多是以政府的名义颁布的，更多地体现了指导性。

从资源共享政策的内容和范围看，社区公共体育资源共享政策应包括五个维度：政策法规保障度、体育设施分享度、公共服务协调度、资源环境保障度、弱势群体共享度。

（1）政策法规保障度

政策法规保障度为社区公共体育资源提供了制度上的保障，为资源共享提供了前提。第一，如果想使社区公共资源的总量得到增加，就必须建立健全"多元投入"的制度，以此来促进各个方面的资金、物资、人才积极地加入社区公共资源的配置体系，提高政策法规对他们的保障力度，也要明确他们的义务和行为守则，时刻对其进行监督和管理。第二，因为当前的社区体育资源不归任何一家单位、集体或者组织所有，所以社区内的居民如果想使用，就必须遵守由政策决定的权利和义务以及行为守则和规范。第三，如果想要保证居民享受到充分的资源，就必须建立健全社区公共体育资源保障制度，如社区公共体育设施开放制度、运动场馆管理制度、社区公共体育指导员管理制度、社区学校体育设施开放制度、社区公共体育组织管理制度等，通过这些制度来约束各个行为主体，确保社区公共体育活动的开展能够更有秩序。

（2）体育设施分享度

体育设施分享度为居民共享社区公共体育资源提供了基础保证，也是社区体育资源共享的根基。第一，分享度是建立在总量足够的前提下，如果资源总量不够，那么必定无法实现共享。第二，社区内的居民还需要增强资源共享的意识，使之成为居民共识。社区体育资源共享就是建立在有使用需求以及制度保障上的。第三，需要确定一定的规则，能够保证居民高效、有序地使用社区公共体育资源，也为共享社区公共体育资源提供了前提。

（3）公共服务协调度

公共服务协调度为社区居民共享公共体育资源提供了组织上的保障，是资源共享的要害。当前居民可以共享的社区体育资源的种类非常多，体育运动的场地有室内外运动场馆、体育健身中心、健身步道、体育公园、公共广场等；体育运动的设施器材有全民健身器械、学校体育馆的设施等。另外，公共体育服务还包括体育健康知识讲座、健身指导、体质测试、组织体育活动等。以上的场地设备还需要由社区、场地的管理者以及活动的组织者根据一定的规章制度制订工作计划，统筹各个方面的工作后进行有序的开放以及组织，这样才能高效地利用、使用、共享这些公共体育资源。整理、整合社区内的公共体育资源并统筹社区内居民的体育健身需求同样是公共体育工作的重要组成部分。

（4）资源环境保障度

资源环境保障度是社区公共体育资源共享的环境保障，是资源共享的底色。一般来说，资源环境包括资源使用环境和社区人文环境两个方面。资源使用环境是指居民在使用过程中所处的外部环境条件，如设施设备的新旧、场地的卫生、空间的大小、室内的通风、环境的绿化等；社区人文环境是指居民生活的社区的文化、习俗、风气等。社区居民开展体育健身活动是以一定的体育设施为基础的，资源使用环境影响着居民参加体育健身活动的积极性和资源的使用效率，资源使用环境的优劣直接关系着社区公共体育发展的目标能否实现。社区人文环境影响着社区居民的价值观、行为方式和生活习惯，是构建团结、和谐、安全社区的重要因素。

（5）弱势群体共享度

弱势群体共享度是社区公共体育资源共享的底线目标，是实现全体公民共享体育发展成果的重要体现。检验社区公共体育资源共享程度的高低，最简单而有效的方法就是看居住在社区内的弱势群体居民是否能够充分享用社区公共体育资源。因此，在制定社区公共体育发展政策、管理制度时，一定要重点关注弱势群体的体育需求，用政策、法规保护弱势群体的体育健身权利，用制度管理、服务帮助促使他们积极开展体育健身活动。

从资源共享政策的制定过程与执行来看，社区公共体育资源共享政策的制定应该是政府主导下的社区管理者、社区公共体育组织、体育服务企业、社区内学校和单位、社区全体居民共同参与协商的结果。按照目前我国社区治理模式，社区公共体育制度执行主体应该是多元的，政府组织、各社会团体、有关企业和单位及社区居民都是制度的执行主体。社区公共体育制度能否有效地执行和遵守，关键在于制度执行部门的责任人，制度只有通过执行人及组织才能发挥作用。

2. 构建信息共享平台

目前，手机是我国居民普遍使用的通信和获取信息的工具，社区公共体育信息管理部门可以联合通信、移动、互联网等公司，运用现代互联网技术，通过手机链接，实现社区公共体育信息资源的共建共享。例如，上海市、苏州市和常州市通过互联网平台实现了对市民的体育需求与反馈信息的调查与收集、体育政策和新闻的发布、体育活动的组织与安排、体育场所分布的电子地图与运行使用实时公告、网上咨询交流与专家答疑。上海市还建立了社区公共体育"菜单式"配送和社区联盟赛等特色网络平台，采用"你点我送"的供给方式，使居民"足不出社区"就能享受到健身指导服务，实现了居民体育需求与社区公共体育服务有效供给之间的良性互动。

3. 构建多元投入、共同管理机制

如今，应采取"政府配置＋市场配置"的模式。首先，政府的财力应该重点配备在公共体育设施的基础建设以及管理人员的领域，以此来为基本的公共体育服务提供保障。其次，通过政策引领、市场监督的形式以及减税和土地使用费、政府增加补贴等途径，使企业、社会团体、个人等积极参与到社区公共体育资源配置领域中，尽力落实"多主体、多途径、多方式"的配置模式，使社区公共体育资源配置融资的渠道更加宽广，增加社区公共体育资源的总量，提高公共体育资源服务质量。最后，我们还要建立并健全"购买服务"制度和竞争制度，促成政府组织、社会机构以及私营组织"并存、竞争"的形势，根据"谁建设、谁管理、谁受益"的理念，促进社区公共体育资源配置的改革持续深化。

地方政府行政部门必须使用政策的杠杆充分地激发市场的创造力，找准政策制定者、市场监管者、资源组织者的身份定位，创新原有的制度，以此创造"多元投入"的氛围。政府还要通过各种官方媒体宣传、报道、表彰等手段和方式鼓励社会各方力量参与到公共体育资源配置中来，在物质和精神上奖励做出突出成就的主体，以此使这些主体再接再厉，提高公共体育资源配置的水平，达成政府、企业、体育组织和团体、社区居民等各方的合作共赢。

我们只有提高社区公共体育资源的利用率，才可以最大限度地增加其在"全民健身""健康中国"建设中发挥的作用。

四、社区体育资源的开发

（一）社区体育资金资源的开发

社区体育的资金来源是多方面的，其管理方式也具有公益性质。政府各部门必须严格遵守《中华人民共和国体育法》的相关规定，逐年增加对体育事业的资金投入。同时，行政部门应当在合理的范围内分配社区体育活动经费，并充分发挥社区体育的优势吸引投资和赞助，如提供文化衫、为比赛和场馆冠名以及为社区体育队伍冠名等措施。另外，我们还要通过激励企事业单位、社会团体和个人捐赠去支持社区的体育活动。如果有条件，社区还可以设立包括团体和个人投资的社区体育基金。

（二）社区体育基础设施资源的开发

恰当的资源配置可以最大限度地发挥周边各类社区体育资源的作用，社区之间能够合建小型场馆来实现产业化的运作方式，通过俱乐部的方式吸纳会员，建立有偿使用的机制。社区还能和厂矿、企事业单位或学校合建或者分建公共体育设施，然后出租或租赁，促进社区体育资源的共享。

政府可以采取措施激励个人和企业在社区体育设施的投资方面增加投入。例如，对其给予一定的优惠政策。另外，大型的运动场和运动中心要继续发挥自身的优势，通过积极的重组和整合，逐步形成一个集竞赛、健身、休闲、观光等功能于一体的综合性开放式体育公园。

（三）社区体育人才资源的开发

政府相关部门要加快推进社区体育工作人员的公务员编制的确立进程，设置社区的体育指导中心；体制内培养足够的社区体育人才，每一级社会体育指导员培训站也应主动迅速地负责起社区体育指导员和社区体育管理者的培训任务；各大体育学院应该设立社区体育专业课程和培训班，以构建一支专业的社区公共体育队伍；邀请热心的社区成员和志愿者积极参与公共体育设施建设；最大限度地发挥体育教师的价值，通过他们丰富的经验和理论基础来开展各类社区公共体育赛事，使学校和社区能够在人才培养和基础设施上实现优势互补。

第五节　城市社区体育文化与学校体育文化

一、社区体育文化

（一）概念

社区体育文化指的是特定区域内各类体育方面的文化现象的总和，也是社区居民在熟悉的环境中长期生活实践而逐渐养成的具有群体个性特色的社区意识、价值理念、行为以及生活方式等。大众体育文化包含社区体育文化，并影响和制约着社区体育文化。优良的社区体育文化的宗旨一定是面向基础、服务基层的，其核心内容包括提升社区居民的综合素质和文化精神生活水平，推动社会主义精神文明建设，促进和谐体育社区的建设。

（二）分类

按照社区的社会结构，社区体育文化主要包括以下三方面：

1. 服务体育文化

社区公共体育的核心职责是向社区居民提供体育服务。社区公共体育为居民提供的体育服务所涉及的理念、道德、形式、层次、质量、监督和效益等方面，组成了服务体育文化的内容。服务体育文化是社区体育文化的核心组成部分。

2. 节日体育文化

每逢节假日，各社区都会举行大型的体育竞技表演、文体活动，逐步形成了节日体育文化。节日体育文化因其内容与形式的高度稳定而呈现出传统性与常规性。

3. 家庭体育文化

家庭是社会的最小组织，是运动者生存之所在和文化养成的根系。离开中国家庭背景的社区公共体育文化建设必然不会产生长期且深远的影响，因此社区体育文化建设才需要依托、依靠家庭体育文化建设。比如，我国"奥运社会支持工程"的体育文化、精神文明建设的主要活动内容就是建设文明体育家庭、全民健身家庭、奥运家庭。家庭体育文化也是社区体育文化的基本单元。

（三）性质

1. 区域性

社区体育文化在特定地区产生、发展，与其他文化共同构成社会文化，具备社会文化共性，可以体现某种层面上的社会经济、政治。它因为被人员结构、地理位置、传统精神、社区组织等条件牵制，所以无法避免地被打上了这个地区的痕迹，具有显著的区域特点。社区体育文化成型的时间跟体育文化积累的丰厚度、区域特征的显著度是成正比的。

2. 融合性

社区人员结构复杂，其中的居民有着不同的职业、经济收入、受教育水平、宗教信仰以及价值取向，所以他们也有着不同的体育兴趣。然而，社区体育文化可以接受和融合各式各样的体育文化形态。不管是本土的体育文化形态，还是外来的体育文化形态；不管是传统的体育文化形态，还是现代的体育文化形态，全都可以在社区体育内和谐共生。

3. 共享性

社区体育文化的共享性体现在它是社区全体居民在生活实践中共同创造出来的，所以全体社区居民可以共享社区的体育文化。社区的体育爱好者不只是社区体育文化活动的参与者和创造者，同时也是其成果的维护者和受益者。他们通过自发的或集体的文体活动获得身心上的愉悦，通过彼此协助加强人与人的沟通和交流。社区体育文化的实践也说明了社区体育文化的共享性与凝聚力和社区居民的归属感成正比。

4. 感染性

社区体育文化一旦形成并通过群体成员的认可，就会对社区内的全体成员形成一定程度的约束力。但归根结底，社区体育文化还是松散型的社区群体文化，它对社区内居民的心理、意识、行为的影响和约束作用体现在舆论引导、榜样示范、良好风气和氛围的熏陶，这一过程是在潜移默化中实现的。

二、社区体育文化与学校体育文化的融合

（一）二者之间的关系

学校内的体育文化和社区内的体育文化都包含体育资源、组织文化以及精神文化三个方面，然而两者在体育锻炼的出发点、体育管理的组织以及锻炼的项目、场地设施等方面有着明显的差别。

（二）融合现状

第一，目前大家研究最多的课题就是学校体育文化和社区体育文化的结合，但大部分研究人员的研究还是聚焦于如何挖掘利用校本资源和社区特色资源等，还有阐述如何打破界限，如何让学校和社区互相补充、实现共赢，而综合研究体育资源、组织文化、精神文化的学者较少。

第二，学校已经向外界免费开放一部分的公共体育资源，共享这部分公共体育资源。另外，学校的体育项目和人员也逐渐进入社区的体育锻炼活动中，实现了二者的阶段结合。

（三）融合的意义

1. 有利于强化学生的社会能力

因为社区和学校体育活动的融合，学校内的学生也能够突破校园的限制，和体育爱好者一起进行体育锻炼，这提高了体育锻炼场所的利用率，也让学生将所学知识和体育文化的实践结合起来。如此一来，学校内的学生既提高了自身的身体素质，也获得了体育实践的知识，使自身的眼界得到了开阔，反应能力得到提升。学生主动融入社区的体育文化活动，既发挥了自身的特长，又发扬了大学生的独特风采。另外，这一过程对融合社区和学校体育文化也存在一定程度上的现实意义。

2. 有利于培养学生的创新能力

文化影响力的载体是学校和社区体育资源的融合与交流。我们在现代学校制度建设框架内进行了创造性的学校融入社区体育活动的实践，在进行这些实践后，学校和社区体育文化的互动能提高学生自我的认同感，让学生能够参加更具创新

性的体育活动。学校和社区体育文化的文化产品创作将会出现得更多,为学生提供更广阔的想象空间和创作自由,使学生的创新能力得到提升。

3. 为丰富学校体育文化创造机遇

两者的融合发展有利于学校体育文化的丰富以及社区体育文化的科学建设和迅速发展,也可以创造双方的战略发展机遇。它们彼此融入、互相补充,同时我们还要积极思考如何利用好学校体育的社会方面服务的优势以及如何整合社会各方面的体育资源。我们还要积极地进行思路创新,如社区中喜欢篮球运动的人员可以跟学校的老师或学生一起成立篮球联络社,形式和内容可以仿照学校的体育活动;还可以开办各类体育活动的规则培训班、技术交流班,定期进行体育活动的友谊赛。

第二章 城市社区体育理论基础

20世纪80年代中期以来，城市社区体育在我国蓬勃发展，社区体育作为社会体育的最佳组织形态，逐渐被人们接受，人们对它的认识也在逐步加深。本章内容为城市社区体育理论基础，阐述了城市公共体育的理论与政策、社区体育的理论与政策、城市社区体育的可持续发展机制。

第一节 城市公共体育的理论与政策

一、城市公共体育的基础理论

（一）城市规划理论

1. 田园城市规划理论

田园城市是指围绕大城市构建多个田园风光宜人的城市，以解决交通拥堵、环境污染等问题。田园城市位于大都市的边缘地带，具有理想的社会形态与城市形态。这里所说的理想的社会形态，就是要实行土地公有制，实行公民自治，并要实现社会的自给自足。而在理想的城市形态方面，则是要求就业机会和生活设施得到平衡，控制城市规模和保持低密度，同时主张限制人口规模和居住密度，并在一定程度上限制城市的扩张。另外，田园城市理论还主张合理规划和建设娱乐场所空间、公共服务设施、公园，留出充足的绿地面积，营造城市优美环境。

2. 功能主义规划理论

功能主义规划理论主张全面改造城市地区，缓解城市交通压力，留出充足的城市绿地，同时为城市提供充足的空间和阳光，由此创造新的城市发展概念。新的城市发展概念有新的空间规划的原则，即城市必须是集中的，只有集中的城市才有生命力。

按照城市活动可以划分城市土地使用类型，在空间功能上，城市可以划分为居住、工作、游憩和交通四大基本类型。这对城市规划有着重要意义，有利于保证城市各功能分区的平衡，促进城市的进一步发展。对城市用地的功能进行分区，并按照分区进行组织建设，在一定程度上有利于保证城市用地空间布局的合理、有序。

3. 有机疏散理论

有机疏散理论强调将大城市形态分解成若干个集中的单元（分解的原则必须是在合理的区域范围内），然后将这些单元在活动上组成相互关联的有功能的集中点，再通过保护性的绿化带隔离开这些集中点。在解决大城市出现的问题方面，卫星城的模式发挥了一定的作用。但是我们需要清楚的是，另建新城并不是解决问题的唯一途径，对城市进行有机疏散和布局重构才是解决问题的有效途径。通过这些途径，我们可以有效疏散原来的密集城市。有机疏散理论主张重新分化功能组织，转变高度集中的单中心模式，使其变成一个个相对独立、功能相对完整的组团结构。所以说，有机疏散理论介于城市分散主义和集中主义的过渡地带。

（二）公共物品理论

公共物品的概念与私人物品的概念是相对的。公共物品根据是否完全具有非竞争性和非排他性又可以进行细分，分为准公共物品和纯公共物品。在实际生活中，纯公共物品的供给是非常少的，更多的是介于纯公共物品与纯私人物品之间的准公共物品，因此准公共物品也被叫作混合物品，准公共物品同时具有非排他性和非竞争性。市场因素和政府因素都能影响准公共物品的供给。混合物品又可以细分为三类，分别是公共池塘资源、排他性公共物品、拥挤性公共物品。

1. 公共池塘资源

公共池塘资源没有排他性，或者有弱排他性，同时有一定的竞争性。举例来说，像山、水、林地这样的自然资源，任何人都可以利用，但极易造成负外部性，如人数过多导致的拥挤效应和过度开发等问题。

2. 排他性公共物品

排他性公共物品是指那些具有排他性但不具有竞争性的物品。这类物品在消费上具有排他性，即能够有效地阻止不付费者享用该物品，但在消费上不会因为多一个人的使用而减少其他人的消费量，即具有非竞争性。例如，公园的入口可以设置门票收费，阻止未付费者进入，但公园内的资源（空气、景观）可以供多人同时享用而不会因此减少其他人享用的数量或质量。这种物品既不同于纯公共物品（国防、基础研究等），也不同于私人物品（个人购买的商品等），它们介于这两者之间，既有一定的公共性，又具有一定的排他性，需要通过收费或其他方式来控制访问，以避免"免费搭车"现象，同时保证资源的合理分配和使用。

3. 拥挤性公共物品

拥挤性公共物品具有非排他特性，当这种商品到达一定的"拥挤点"时，它又会发生一定的竞争。比如，人口密集的街道、桥梁、社区的游泳馆、俱乐部、博物馆等。如果进一步扩展拥挤性公共物品的概念，教育、文化、体育和医疗等社会服务领域也可以归入拥挤性公共资源的范畴。仅依赖私营或企业来提供过度拥挤性公共物品，将会形成供给不足，进而影响社会的福祉。因为消费是共用的，而且维持排他性的费用比较低，所以拥挤性公共物品也被称作"俱乐部物品"（局部公共物品）。

正因为公共物品的供给存在各种各样的情况，如"市场失灵""自愿失灵"等，所以不能单纯地由某一方来供给，要对各种公共产品的基本性质进行全面剖析，明晰政府在提供各种公共产品过程中应该发挥的作用，从而实现各方利益的均衡，并推动提供模式的多元化。在此基础上，应加强对公共物品提供问题的研究，以更好地提高其供给水平。

（三）系统论

在系统论中，结构是系统中各要素间的关联方式、组织形式以及时间和空间的联系的总和。其中，关联方式指的是系统将各个要素整合成整体的模式，这是一种非常稳定、可靠的联系方式。系统的结构是由系统各要素的相互关系以及它们的表现方式决定的，而系统的结构又决定了系统本身的规定性。

在系统内部，各要素的分配与地位存在着不平等。系统的规定性可分为两类：第一类是量的规定性，即要素的时空分布形态；第二类为质的规定性，即系统中各要素间的相互关联、相互影响的关系。相对于变化发展的无限性，系统结构的稳定性是有限的。非平衡性、开放性等特点决定了系统的运行需要与外界环境进行互动，这一属性推动着系统的发展演变。

与系统的结构相对应的范畴是系统的功能，系统的功能指的是描述系统与外部环境相互作用的关系。在系统中，系统的功能指的是系统行为对系统的生存环境的作用。系统结构的外在表现形式就是系统的功能。另外，系统的开放属性对系统来说具有重要的意义，一方面，系统的开放性决定了凡是系统都具有一定的功能；另一方面，系统的开放性决定了表现在外的系统的功能是与外部环境相联系的。系统的内在关联对其结构有直接的影响，而外在关联对其功能有直接的影响。该系统的稳定性是恒定的，而其功能性是柔性的，系统的功能具有灵活多变的特点。系统的外部环境不断变化，使得系统的功能也在不断变化。通常情况下，系统具有多种多样的功能，同时处于不同条件下，系统的功能也存在明显的差异。为了更好地认识系统的功能，人们不断地研究系统，以便更好地利用和改造系统的功能。系统之所以具有价值和意义，正是因为系统拥有人们期望的功能。

对于所有系统来说，都必须具备内部结构和外部功能。系统的结构和功能存在紧密的关系，可以说，系统的结构和功能是一个问题的两个方面。一般来说，系统的基本原理指的是结构决定功能理论。需要明确的是，系统的功能除了受系统结构的影响，还受诸多因素的影响。有时，一个系统的功能取决于它的结构与所处的环境。系统的结构是决定其功能的基础，结构和功能息息相关。对于系统来说，结构越合理，功能越优良，而不合理的结构则会影响系统的功能。系统的结构与系统的功能存在对立统一的关系。系统的发展与前进过程，正是系统的结构与功能不断产生矛盾又不断得到解决的过程。系统的结构与功能是在一定的条件下发生作用的。要想充分发挥系统的功能，必须具备适当的环境。为了更好地发挥系统的功能，需要挑选、优化、创造一个良好的外部环境。环境在系统的功能中起着非常关键的作用，环境的持续变化会引起功能的持续改变，同时，功能的改变也可以反作用于环境。这对功能的发挥起到了积极的作用。

从某种意义上来说，一座城市可以看作一个巨大的、结构复杂的系统。在城市规划、组织与管理的过程中，各种要素被整合成特定的子系统。体育是城市必不可少的基础设施之一。城市公共体育空间是城市巨大系统中的一个关键子系统，承载着城市体育子系统的主要功能。

合理的城市空间结构有助于城市空间功能的发挥。从这个意义上讲，合理的城市体育空间结构则有助于城市体育功能的发挥。城市空间与城市公共体育空间的关系可以看作母系统与子系统之间的关系。城市公共体育空间需要在吸收母体营养的同时，也要为城市整体的发展和功能作出贡献。所以说，合理配置城市公共体育空间系统内部资源是非常重要的。与此同时，还要关注城市公共体育空间系统与外部环境及其他子系统的互动与适应关系。

二、城市公共体育政策

（一）公共体育政策的概念

公共体育政策是公共政策的一个下位概念。简单来说，公共政策就是为"公共"而制定的"政策"，正如行政学开创者伍德罗·威尔逊所说，公共政策是由政治家（具有立法权者）制定的并由行政人员（公务员）执行的法律和法规。[①]

这一定义有助于我们更好地认识公共政策，但也有不足之处。这一定义主要从决策与实施两个方面对公共政策进行了界定，但应将司法部门及其他有关群众也包括在内。

在某些国外学者的看法中，公共政策等同于"政府做什么，为什么这样做，会产生什么样的效果"。有些学者认为，公共政策是一种由目标价值观与行为构成的规划，由一位或多位参与者为解决一个难题或者关注的问题而采取的一个有针对性的行动过程。也有学者提出，公共政策是那些掌握或影响政府职能的人所作出的基本决策、承担的义务和行为的结合。在这一交流过程中，政府和人民之间建立起了相互信任的动态关系。公共政策面向的是大多数人，旨在为大多数人谋取福利。通过以上分析，公共政策本身就具有公共性，这种公共性的集中体现是公共利益的存在。因此，公共利益是制定公共政策的先决条件和依据。

---

① 伍启元.公共政策[M].台北：台湾商务印书馆，1985.

（二）国外公共体育政策

在发达国家，制定和研究公共体育政策的历史是比较长的，公共体育政策经历了从合理娱乐到体育运动为全民所有的过程。作为现代体育的发源地，英国的公共体育政策完整经历了上述发展历程。在不同的时期，体育发展目标的侧重点具有明显的差异。但总的来说，体育运动的发展要始终强调要追求公平，保证广大市民可以不受歧视地参加体育运动。德国最早将英国的公众体育政策引入国内。1882年，德国颁布了《果斯列尔游戏训令》，将其作为鼓励民众参加户外运动的一项重要措施。1920年，德国为使大众更好地参加体育运动而实施了"黄金计划"，从而使人民的体质得到进一步改善。在美国，人们享受的权利是通过确立宪法来保障的。就体育运动而言，美国政府的首要责任是为广大人民群众提供适当的硬件条件。通过以上分析，我们可以知道，对于大多数发达国家来说，大众体育在政府公共服务中有着显著的重要性。

第二节 社区体育的理论与政策

2016年5月5日，国家体育总局颁布了《体育发展"十三五"规划》，其中提出了积极推动"城市社区多功能运动场""城市体育服务综合体"建设等措施。2016年10月25日，中共中央、国务院印发了《"健康中国2030"规划纲要》，提议"广泛开展健康社区、健康村镇、健康单位、健康家庭等建设"。其中，"健康社区"建设受到各级政府的重视。以上表明了国家高度重视社区体育工作，并且社区体育目前正处于蓬勃发展的良好时期。

一、加强新时代体育理论研究

在"全民健身""健康中国"建设的时代背景下，需要对具有中国特色的群众体育的理论和实践进行进一步的探索。要想达到全民健康的目标，就必须结合中国特色的群众体育的实际情况，积极构建全民健身服务体系。这既是国家体育事业发展的重大课题，又是当今群众体育发展的必然要求。在进行体育理论研究的新时期，必须坚守以下基本原则：

第一，需要对"体育强国梦""全民健康""体育强则中国强"等重要观点和思想作深入的理解和思考。《"健康中国2030"规划纲要》提出，"把健康融入所有政策，加快转变健康领域发展方式，全方位、全周期维护和保障人民健康"。体育理论应密切结合"健康中国""全民健康"这一重大战略。同时，在"健康中国"的建设与实施过程中，体育理论研究应当起到引导与推动作用。

第二，对中国特色群众体育理论的研究须紧密结合我国群众体育工作的现状，立足于推动群众体育事业的发展，着力解决群众体育发展中遇到的现实难题。回顾我国改革开放以来群众体育的发展历程，我们了解到，"中国特色的群众体育"是以满足人民群众体育健身和娱乐的需求为中心目标，紧密结合中国特色社会主义社会发展的实际情况而建立的一整套理论体系和实践模式。其中涵盖各项方针政策、规章制度、体育文化等多方面的内容。全面开展全民健身活动是该理论体系和实践模式的重要表现形式。我国是一个人口多、地域广、需求多元化的大国，因此，针对我国群众体育的理论研究，应当以此为基础，从现实出发，对我国大众体育的发展状况进行分析，并探讨相应的发展对策。

第三，在构建中国特色大众体育理论体系的过程中，必须保持四大属性，即人民性、国家性、民族性和社会性。中国特色社会主义体现了最广大人民群众的根本利益，而群众体育的发展具有社会主义的本质特征。因此，群众体育的发展应当具有"人民性"。中国特色体育要坚持以人为本，要靠人来发展，要为人而发展，并要把满足人们不断提高的体育健身娱乐需要作为体育发展的根本目的。

第四，群众体育是国家体育发展的基石。没有强大的群众体育力量，国家体育的发展就会受到制约。此外，我国共有56个不同的民族，每一个民族都有自己丰富多彩的体育文化，它们都是从自己民族的生产、生活实践中衍生出来的，表现出了强大的生命力。唯有继续加强民族特色，推动大众体育蓬勃发展，才能保证体育有源源不断的活力与动力。中国各区域之间发展差异较大，这就使人民群众对体育的需求越来越多元化，单靠政府一己之力，很难满足人民的需要。为此，我国体育事业必须顺应新的形势与要求，从探索国家体制与市场机制如何实现并存、竞技体育与群众体育之间如何保持平衡等方面问题入手，积极引进市场机制，建立多元化主体参与群众体育建设的体系。

二、加强制度建设，完善社区体育法治体系

制度的供给受社区居民的健身需要影响，而制度的制定则以满足社区体育工作的现实需要为目标。这些制度从实际出发，对实际工作起到指导作用，同时这些制度是由执行者和机构来实现的。通过对社区居民身体健康状况的研究，可以为促进社区体育制度变革和创新制度安排提供依据。所以，当务之急是要构建一套可持续发展的体制机制，让涉及社区体育工作的各方积极参与，明晰相关部门的责任。建立由各级政府相关部门、社会体育组织和企业共同参与的协作机构，以协调社区体育领导工作，确保社区体育政策能够全面贯彻执行。同时，要加强社区体育管理者的培训，以提高他们对政策的理解能力和对制度执行的熟练度。

构建一套能够推动社区居民健身的法治体系，这套体系的内容主要包括对社区体育的价值定位、运行保障、权益救济、评价反馈等。在价值观方面，将社区体育作为推进国家全民健身战略的一个重要切入点；在运行保障方面，要对社区体育资源进行合理分配，包括社区体育组织、场地、资金、活动等，从而为社区居民的健康发展创造良好的环境；在权益救济方面，应设立法律咨询站及权益保障机构；在评价反馈方面，应建立面向网络的信息反馈渠道以及第三方评估机制。

三、强化政策的目标导向和过程管理

将社区体育建设作为政府政绩考核的一个参照指标。在实施过程中，各层次社区体育管理人员都要注意一些细节问题，如谁负责执行、谁负责监督、谁负责评价等。在社区领导政绩考核中，以落实社区体育方针的情况作为主要考核指标。除政府自评与考核外，还可引进社会第三方，对考核过程及结果进行公开，让大众及传媒监督。

制度对于政策的执行具有重要意义。街道社区居委会作为社区体育工作制度制定的组织者和执行者，在制定该制度时，一定要把"全面提高居民健康水平"作为宗旨，并在全面了解实际情况的基础上，将居民家庭、体育组织、体育服务企业、社会体育组织等多方面的利益进行协调，从而保证制度的合理性和有效性，同时提升社区体育政策的执行效率。

第三节 城市社区体育的可持续发展机制

一、社区体育可持续发展的主要影响因素

（一）政策法规是社区体育可持续发展的保障

政策法规是社区体育可持续发展的重要依据，也是社区体育能否健康有序开展下去的重要保障。1995年，国务院颁布实施《全民健身计划纲要》《中华人民共和国体育法》，之后出台了《全国城市体育先进社区标准》《关于加强城市社区体育工作的意见》《公共文化体育设施条例》《中国体育彩票全民健身工程管理暂行规定》等相关文件，为社区体育的建设与发展明确了方向。各省、市、自治区也相继出台了一些与社区体育有关的政府规范性文件、规章和地方性法规等，这对社区体育广泛深入开展起到了一定的促进作用。

（二）社区环境是社区体育可持续发展的必要条件

社区体育与社区环境两者相互影响。社区体育环境表现出多元化的特征，既有自然环境，也有社会环境。自然环境为空间环境，是社区体育活动的"硬"环境；而社会环境为经济与人文环境，是社区体育活动的"软"环境。这两个方面相互联系、相互制约，为创造良好的社区环境和促进城市社区体育的可持续发展提供了重要保障。

（三）人才资源是社区体育可持续发展的保证

社会和经济的发展都离不开人才的支持。因此，充足的体育人力资源是必不可少的要素。社区体育的可持续发展须有一定的人才储备，其主要包括社区体育组织管理人才、健康监测人才，以及体育产业经营人才等。

二、社区体育可持续发展的理念

（一）以服务为中心

功能定位是确定可持续发展理念的前提。社区体育的功能要想得到充分发挥，

就必须有相应的服务。要想实现社区体育服务，就必须有制度的保证和资源的供给，这样才能营造出一个积极的发展环境。所以，如何建立一个适合城市发展需要的社区体育服务与保障系统，成为我们亟待解决的问题，这同样也是保障社区体育可持续发展的重要任务。

（二）资源整合

将社区内外所有潜在资源转变成现实资源来推动社区体育的可持续发展，进而提升社区在经济、政治、文化及社区体育上的服务体验，是可持续发展社区体育的核心价值目标和思想，包含居民的权利与义务、享受与回报的价值观念。

（三）本土化发展

我国不同地区的经济、文化和社会环境是多种多样的，使得每个地区都形成了独特的文化氛围和文化习俗。社区体育作为一种逐步发展起来的、带有地域性特征的体育形态，具有因时因地而异的特点。在多种文化背景下，本土化发展是社区体育可持续发展的必由之路。

（四）社区参与

社区体育的可持续发展的核心是居民的直接参与和管理，只有居民积极参与和管理，才能使社区体育的认识得到培养，使社区内的各类资源得到有效整合和利用。居民的社区参与是社区体育可持续发展的核心动力，脱离了社区参与，社区体育的发展也就失去了应有的意义。因此，要使社区体育可持续发展，最重要的是形成一种自主性、主动性的参与精神，让居民积极地参与到计划的制订与执行中，一起实现目标、分享成果，从而使社区体育在我国呈现出一片繁荣景象。

（五）社区自治组织参与

在现实中，自治组织和中介组织的积极参与已经成为实现社区体育可持续发展的必要选项。虽然我国的自治组织和中介组织等都还处在起步阶段，但对推动社区体育的长远发展已显示出其重要作用。如今社区体育的发展正在逐步转向社会中介机构，它们在体育赛事的举办、经营和管理中发挥着重要的作用。由此可以看出，在社区体育建设中，社区自治组织和中介组织等已逐渐成为重要力量，并为社区体育建设提供了新的发展平台。

三、社区体育可持续发展中应处理好的四个关系

（一）社区体育发展与广泛参与的关系

为落实《全民健身计划纲要》，增加体育参与人数，应加大社区体育的普及率，为各年龄层提供多种形式的运动项目。同时，要充分运用现代媒体，加强对社区体育活动的宣传与引导。在有条件的地方可以建立"全民健身广场"，为广大群众提供各种形式、内容多样的健身场地，满足他们的健身需求。上海市创建了全民健身风景线，由点到面，创造了一个纵横交错、能使大众积极参与的体育活动场地。"孙晋芳全民健身服务网络"是江苏以南京为中心向外辐射的健身服务系统，它既提供无偿服务，又提供适度有偿服务，致力于体育社会化发展，吸引不同层次的人群参与。这一系统的开展，有助于社区体育实现优势互补、资源共享、共同发展的良性循环。

（二）正规性社区体育与松散性社区体育的关系

正规性社区体育是以街道社区体育协会为主要管理机构，并且国家提供充足的经费，有计划、有严密组织的社区体育；松散性社区体育是以自发性体育团体为主导，相对自由、松散的社区体育。正规性社区体育动作规范，内容丰富，形式生动，能够对松散性社区体育起到示范和引导作用。松散性社区体育是一种灵活性高、内容针对性强，兼具动作韵律性和表演性的运动形式，是对正规性社区体育的有效扩展和补充。所以，要加强对松散型社区体育活动的管理、引导与规范，建立区、街道的社区体育协作小组，对各种社区体育进行统一的管理，制定相应的章程，并将其纳入日常的社区体育管理中，从而促进社区体育健康、有序的发展。

（三）社区体育发展与体育产业的关系

随着新的市场经济体制的建立，社区体育开始逐渐出现在大众视野。这既可以调动社区居民参加体育运动的积极性，增强社区居民的体质，使社区居民的工

作积极性得到极大提高，又能够提高居民对体育商品的需求，刺激其体育消费意愿，进一步促使体育市场向买方市场的转变，对整体体育产业的发展起到积极的推动作用。为使体育产业与社区体育相互扶持、相互促进、共同发展，各区域应结合实际制定体育产业发展的战略与规划。与此同时，国家应当制定体育产品的行业标准，对其经营行为进行规范，并对体育产业的经营者进行税收优惠，以激发他们的积极性，同时通过降低门票价格，促进体育观赏消费市场的繁荣。在社区中进行体育活动必须有一定的资金支撑，这样才能促进各种形式的社区体育运动的发展，增加体育参加人数。

（四）社区体育发展与精神文明建设的关系

在开展社区体育工作时，要把社区体育和精神文明建设结合起来，丰富以弘扬精神文明为主题的体育活动。伍绍祖先生在"全国城市社区体育研讨会"上指出，"以运动促进科学、文明和健康的生活方式"是一项重要的社会课题。伍绍祖在全国城市社区体育工作会议上强调："广泛开展体育健身活动可以增强体质，提高健康水平，提高适应能力，从而使人民朝气蓬勃，精神上获得满足和享受，可以提高人民群众的生活质量，充实和丰富人民的小康生活。"因此，将社区体育工作做好对于提高居民生活质量、促进社区精神文明建设至关重要，应该将其视作社区工作的一项重要任务。

第三章 城市社区体育建设与社会发展

本章内容为城市社区体育建设与社会发展，阐述了城市社区体育建设的定位、城市社区体育建设的兴起与发展、经济转型期的城市社区体育建设、城市社区体育服务体系的构建、中国现代化城市社区体育建设。

第一节 城市社区体育建设的定位

一、社区体育建设的内涵与特征

（一）社区体育建设的内涵

当前，人们对社区体育建设的内涵认识存在着分歧。第一种观点认为社区体育建设是指在某一地区开展体育活动所需的配套设施。第二种观点认为社区体育建设的关键在于发挥社区的力量，促进社区经济的发展，增强社区的功能，同时也能够有效地解决社区体育方面的问题。第三种观点认为社区体育建设是把社区体育融入社会体育的整体发展中，并引进社会体育的相关标准和指标体系，从而使社区的体育工作与社会体育的发展同步。第四种观点认为社区体育建设必须动员各方力量，充分利用社区现有的体育场地与资源，推动社区体育事业的不断进步，实现系列化服务的完善。第五种观点认为社区体育建设必须在国家的帮助和指导下，将社区内的各种资源进行整合，改善社区的社会和文化环境，强化社区体育的综合功能，促进社区体育的不同事业的发展，以实现社区体育与整个社会体育生活的融合，全面促进整个社会体育的进步和发展。第六种观点认为社区体育建设应该根据社区体育规划，以有机的社会综合实体为对象，有计划、全面地进行体育环境建设等活动。

虽然以上六种观点在表述上各有差异，着重点也不同，但它们还是有共同点的。比如，它们都认为社区体育建设是社区全面建设的关键部分之一；社区体育建设通常强调要充分利用社区内的资源，并动员各方面的力量来共同参与等。

社区体育建设就是在政府与社区的共同努力下，充分发挥社区本身的体育资源与力量，解决社区体育中存在的一些问题，提升社区居民的生活品质，促进社区的政治、经济、文化、环境等方面和谐、健康发展的过程。这也是体育资源和社区力量的集成过程。因此，社区体育的内涵在于政府、社区组织和社区成员三者进行协同合作，通过政治、经济、社会、文化等资源的共同支持，建立社区体育组织、提供社区体育服务、改善社区体育环境，促进社区体育文明建设等方面得到更好的发展。

（二）社区体育建设的特征

1. 综合性

社区体育建设并不局限于某一领域，而是涉及社会各方面的全面建设。从内容来看，其涉及面很广，包括加强社区体育文明建设、深化社区体育服务、开展社区文化教育和体育活动等方面，体现出很强的综合性；从手段和途径来看，包括经济、行政、社会等方面，也体现出高度的系统性和综合性。

社区体育具有综合性的原因是社区体育所涉及的要素较多、内容复杂。社区体育是一个包含人口、环境、生产和生活设施、文化、思想意识和管理机构等多个要素的综合体，建设它的目的是促进社区成员在政治、经济和文化生活方面实现统一。因此，确保社区体育建设涵盖各方面要素是其基本目标。

2. 社会性

社区体育建设是一个由多个社会团体、多种形式的体育团体共同参与的过程。首先，政府机构承担着多项责任，其中包括制定并实施社区体育建设政策及规划，完善社区体育建设的制度，推动社区体育建设工作，以及促进居民、社团和企事业单位之间的协调。其次，居委会与各类社会团体在社区中扮演了重要的支持与纽带角色。党组织和政府通过居委会和各种社会组织加强与社区居民之间的联系，使居委会与各类社团在我国的发展中具有举足轻重的地位。社区体育的建设如果没有人们的广泛参与和积极支持，就不可能实现理想的目标，而在此过程中，居民和企事业单位起到了基础或支撑的作用。最后，社区体育建设离不开广大群众和辖区企事业单位的大力支持，只有他们的广泛参与，才能取得良好的效果。由此可以看出，在社区体育建设中，各类社会群体和各种社会组织等构成了社区体育建设的主体。从这个角度看，这个计划具有显著的社会属性，而"社区体育建设社会化"也就注定成为必然。

3. 地域性

由于社区体育是一种地方性活动，因此其建设应该融入当地的元素，突出当地的特色。社区体育建设的目标是在满足社区成员的需要和愿望的基础上，解决社区体育中存在的问题，为社区成员提供多种体育服务。社区体育的策划者与参与主体主要是社区居民、企业单位与社会群体、组织。另外，社区体育活动在一定程度上也是局限于其所在的地区，而且还会受当地地理环境的制约。所以，每个社区的体育建设项目都有很大的地域性差异。

4. 计划性

从当代社会的角度来看，社区体育建设工作就是指人们对社会发展规律的认识与理解，并对社区体育进行有意识的推动。一般而言，为了更好地推动社区体育建设，要根据社区的具体情况制定切实可行的长期、中期、短期社区体育发展规划和工作方案，并根据方案进行相应的活动。所以，计划性是社区体育建设的重要特征。

5. 大众性

社区体育建设是一项以人民群众为主体的体育事业，它的核心目标是满足人民群众的现实需求和根本利益，这是社区体育建设发展的关键。社区居民的积极参与是有效推动社区体育事业进步的重要基石。只有社区居民积极参与，才能促进社区体育快速发展，才能使社区体育的建设更加顺利。所以，我们必须树立社区意识，使全体市民对他们的社区产生强烈的认同感、荣誉感，并提高社区体育的凝聚力，从而推进社区体育事业的建设与进步。

二、社区体育建设的原则和目标

（一）社区体育建设的原则

1. 以人为本、为人民服务原则

在建设体育社区时要以人民群众的体育需求为前提，不要做人民群众不需要的工作，体育工作要以人民群众的身体为基础，如老年人较多的社区可以建设活动幅度较小的运动设施。社区的核心是居民，建设社区体育的最根本原因是为社区居民服务，只有居民的生活质量不断提高，居民对生活越来越满意，体育建设才能算成功。以人为本原则简单说就是要不断满足居民迫切的体育需求，以体育建设为出发点，以提高居民的综合生活质量为目标和最终归宿的原则。

2. 资源共享、共建原则

共享、共建原则要求各个部门联合起来进行体育建设。社区建设不是一个部门的事，不能将社区工作全部甩给街道办或体育建设部门，各方面要对体育建设进行人力与财力的支持，这样才能建设好我们的社区体育。在实际执行过程中，要综合一切机关、团队，甚至是愿意出力的居民的力量，共同以最大的努力营造美好的社区体育氛围。

3. 权责统一、管理有序原则

此原则要求各区明确责任与权利，不能让权力滥用，在出现问题时也要明确责任人，不能出现"踢皮球"的现象。要将服务方式与管理责权相结合，以提高社区体育的凝聚力。

4. 基层自发原则

社区体育建设的重点在于加强基层工作，其中强调社区居民应自行组织开展体育活动。在进行社区体育建设时，要充分发挥居民的主导作用，调动其自觉性和创造力，使其积极参与并成为主角。这样，社区体育建设活动就可以成为社区居民自主解决生活问题的过程，在这个过程中依靠民主方式，社区居民凭借自身力量实现自我管理和自我发展。社区体育建设要逐步促进社区居民自主管理、自我教育、自我服务和自我监管。

5. 因地制宜、循序渐进原则

我国幅员辽阔，不同地区自然环境与人文文化差异较大。由于我国的现实国情，我们在进行社区体育建设时必须保持实事求是的心理，结合当地情况制定符合当地实情的体育建设。我们建设的体育项目不仅要满足人民群众强身健体的基本需求，还要突出当地的特色，让人民群众在乐意参与的活动中快乐地强身健体。同时，在社区体育建设中要考虑人民群众的体育基础，不能建设过多超越当地群众接受难度的项目，在培养当地群众的体育活动时要循序渐进，从他们已经掌握的内容开始，逐渐地、一点一点地提升人民群众的体育能力。因此，我们在建设社区体育时，要做到有计划、有目的。

6. 全面规划原则

对于社区体育活动的建设，我们要做到全面规划，在建设时要考虑、权衡各方面的影响因素，如资金、场地、人民的需求等。社区体育活动必须考虑综合性，以满足各类人群的需要。只有做到全面规划，才能使社区体育活动建设既满足群众的需求，又符合国家制定的长远体育目标。

（二）社区体育建设的目标

目前，在社区体育建设实践中各地探索了不同的目标。例如，在上海浦东，某些社区体育的发展被制定了一系列指标规划，其中包含社区体育人口、社区体育环境、社区体育公共安全、社区体育保障、社区体育服务、社区体育卫生保健、社区体育教育、社区体育文化娱乐、社区居民体育质量和社区体育管理等项目。有些地方政府具体、定性地描述、规定社区体育建设的目标，如"体育活动多样化、体育场馆环境清洁、体育秩序稳定、体育文化氛围浓厚、体育与文化协调发展、体育教育全方位发展、体育设施先进齐全、体育服务周到贴心、体育管理规范配套、体育组织完善、体育普及共建"。虽然上述规划对社区体育建设目标的界定具有可操作性，与实际情况相符，但是在长远的社区体育规划中，需要更加全面和系统地考虑其层次和方面。社区体育建设目标是一个全面而多元化的体系，主要内容如下：

1. 满足人们的体育需求

体育建设最主要的用途就是满足人们日益增长的体育需求。健康问题直接关乎人们的生命安全，更是在近些年被人们不断重视。而提高人们身体健康的重要渠道之一就是进行体育活动。为了满足更多人的体育需求，在体育建设过程中应当加入更多的体育项目与内容，将体育视为一个产业，既为社会创造经济价值，又可以满足人们的社会体育需求，方便人们进行大众体育活动。

2. 构建大众体育服务体系

随着人们生活水平的提高，健康理念已经深入人心，人们对于健康生活的追求日益凸显。现代社会的发展日新月异，我们需要提供更合理的社区服务体系，才能保证每位社区居民成功合理地享受体育活动服务，因此，我们必须加强社区体育的组织能力，提升社区服务的惠普度。我们要以高标准、高水平进行我国的社区体育建设，为国家体育事业添砖加瓦。

3. 完善大众体质监测系统

体育建设离不开对大众体质的监测，如果只是一味地进行建设，却不对大众体质加以监测，最终的建设成果就无法保障。因此，我们要完善大众体质监测系统，确保体育活动成功开展，进一步健全群体活动组织，使大众体育活动网络发展完善。在社区体育发展过程中，加强社区体育活动的管理意义重大。我们要使社区体育建设与中国特色社会主义经济、政治、文化相适应，为中国特色社会主义的发展贡献力量。

4. 丰富大众文化生活

俗话说"文体不分家"，体育是一种特殊的文化现象。社区体育建设要对大众的文化生活和精神生活产生积极的影响，就需要在进行社区体育建设时坚持政府的引导作用。我们需要发挥政府与社区的力量，将体验资源与体育事业更好地打入社区内部，使其更好地服务大众，并确保体验资源的合理分配。社区体育建设要以不断提高人民身体素质和丰富大众的精神文化生活为目标，努力创造和谐有序、完善便利的社区体育服务体系。

三、树立"以人为本"的社区体育建设理念

社区的最终功能是为居民提供生活场所，如何尽可能地为居民提供优秀品质的生活成为现代社区管理的重要追求，为居民提供充足、舒适的运动场所与设施，

保证居民的健康成为重要内容。居民是社区真正的主人,无论是场地还是设施,都要为人民服务。除此之外,还应当践行社区体育运动的"公益性",发展多样的运动与活动,需要成功做到改善人民生活品质。同时,还要树立起居民的"健康意识"。健康意识能让人们关注自己的身体健康状况,想要有健康的生活与身体,不仅要通过体育、健身等活动实现,还要不断改变自身的生活习惯,如早睡早起,一日三餐定量分配等,让自己活得更加健康。当然,居民对自身健康重视起来后,必然会对体育运动有一定的需求,毕竟生命在于运动,运动是保持身体健康的重要途径。综上所述,社区的管理者要以社区体育活动的公益性质为主要准则,辅以经营性,综合各方势力,在政府和相关部门的带领下,充分落实社区体育建设"以人为本"的原则,真正做到为群众服务。

四、社区体育建设的阶段划分与内容安排

为了进一步发展我国的社区体育活动,我们可以吸取国外社区体育管理与发展的经验,取其精华,去其糟粕,再将这些经验合理地与我国现有社区体育建设情况相结合,对我国社区体育建设进行长期规划,最终实现我国社区体育建设的目的。我们将实现目的的过程大致划分为以下三个不同的阶段:

第一阶段的工作以改革社区体育建设的基层组织的体制为主,要做到确保社区体育组织作为基层单位在体育活动建设中的主体地位。

第二阶段的目的在于不断完善社区的体育资源,构建服务更加优良、更加便捷的体育事业,最终达到提高人民群众体育生活质量。

第三阶段的目的与工作准则是全面完善已经完成的组织建设,更加健全体育活动的场所功能,并不断发展自制体系。

上述的社区体育建设的三个阶段主要强调了社区体育建设的意义,希望国家能够根据体制与组织形式的更新进一步扩大与更合理地分配体育资源,这个过程需要多方力量协调处理,并且要遵循循序渐进原则,切忌"步子迈得过大",否则容易落实不到位。其实社区体育活动的建设不能只靠政府与相关工作者,社区居民也是社区体育活动的重要建设者。居民既是社区体育活动的享受者,也应当是社区体育活动的建设者。居民是社区体育活动的主体,一切社区体育活动都要围绕居民开展与进行,居民同样承担着检验社区体育活动质量的责任,社区体育

活动建设得成功与否，居民最有发言权，只有满足居民需要的社区体育活动，才是好的体育活动。所以我们要将居民的意志考虑到建设中，在建设中充分征求居民的意见，询问居民的需求，让居民参与到社区体育活动的建设中。我们把建设划分为以下三个阶段：

第一阶段：提高人民体育运动意识，加强社区体育运动相关管理。社区居民的体育运动意识是社区体育建设的重要内容之一，群众是体育活动的根基，群众既是社区体育活动的享有者，也是社区体育建设的评价者，他们的体育运动意识关乎整个社区的体育建设。现代社区管理者应培养群众重视体育运动，使其对自身身体健康程度进行评估并掌握积极的锻炼方法。社区是人民群众的家，是人民群众生活的场所，群众对社区会有归属感，政府及体育活动建设相关单位应当建设人民群众熟悉的、有特色的运动项目，也可以将当地特色融入社区体育运动建设中。我国政府在体育运动发展过程中发挥了至关重要的作用，其倡导和资助对于推动社区体育的发展具有关键意义。然而，这并不意味着政府应过度介入或者代替人民群众的建设意见，而是应该充分发挥政府的职能，在政府的指导、动员下，结合多方势力共同对社区体育运动进行建设。除此之外，政府也应当起到监督与评估的作用，保证社区体育活动能够长久地为人民群众服务。

第二阶段：全面发展社区体育组织的运作，推进各项体育项目齐头并进。当前阶段的重点在于加强和完善社区体育组织的机制和体系，以满足发展需要。具体来说，社区体育管理的组织形式正从以政府为主导转向由社区居民自治的模式，要鼓励并推广各类居民参与的公共事务管理机构和自治组织的发展。在扩大社区体育活动范围的过程中，我们将重点发展社区体育社团组织，为居民提供各种服务，这些组织包括满足人民群众体育活动需求的组织、行业协会、娱乐组织等。在社区体育建设方面，我们已经初步确立了以满足居民体育活动需求为目标的社区体育组织体系。该体系包括多种门类，层次分明，以保障居民权益为核心，为社区体育建设提供了可靠的制度保障。

第三阶段：提升社区体育活动的综合功能与能力。社区体育活动建设最终要回归到群众的需求上，以人为本是体育活动建设的最高追求。我们要让群众参与进来，积极听取群众的建设意见，建设群众满意的体育活动。同时还要积极听取群众的反馈意见，群众的满意程度是体育活动社区建设成功的重要标准。

因此，我们必须要全面提升社区体育活动的综合功能与能力，通过社区的经济、政治、文化和体育等方面的全面发展实现这一目标。此外，社区居民的生活质量、人文素质、凝聚力和文化繁荣的提高也是衡量社区体育功能完善程度的重要指标。

第二节 城市社区体育建设的兴起与发展

一、城市社区体育建设兴起的背景

我国城市社区体育兴起的背景可以概括为以下两个方面：

（一）我国城市经济体制改革为社区体育的兴起提供动力

在我国城市经济体制改革的大背景下，我国社会体育发展适应新的经济体制，从而得到兴起与发展。也就是说，在过去相当长的时间内，在城市中掀起一阵体育运动浪潮是我国进行改革开放的必然结果。

20世纪80年代中期，我国进行了城市经济制度的改革，在这种情况下，人们对于体育活动的要求迅速膨胀。随着经济增长带来的生活条件的改善，使人们逐渐关注起生活质量，体育在人民心中的需求更是与日俱增。当人们对体育的需求增加，而单位未能满足他们的体育需求时，他们的体育关注点就从单位转移至社区。社区是人们生活的地方，人们在社区中有着充足的时间，社区的体育建设为人们在生活之余进行体育活动带来了极大的便利。

（二）社区管理体系的建立为社区体育发展提供了条件

随着经济的发展，我国人民有更高的生活需求，因此社会的功能也越来越多。为此，我们需要加强社区的功能，在建设社区时加强社区建设与管理。社区管理和社区服务紧密相连，是一个涉及整个系统的工程。社区服务质量是人们对社区工作进行评价的重要依据之一，社区工作者要建立有秩序、有计划，尽量满足各类人群需求的社区服务体系。社区体育是社区建设不可或缺的一环，是社区文化和服务的重要组成部分。社区体育活动可以促使人们的生活质量不断提高，不仅丰富了人们工作学习以外的生活，也使人们变得更加健康。社区体育可以帮助人们改善生活方式，提高生活质量，加强人际关系。开展社区体育，还能促进社区凝聚力不断增强，进而增强社区服务意识和提高精神文明建设水平。从上述内容中我们可以看出，社会中的体育发展符合人民群众对于体育的发展需求，也与社区体育发展的内容要求一致。

二、城市社区体育建设发展概况

1980年以后我国的部分城市中便开始出现社区体育活动，如北京、上海等地出现了以街道办为组织者进行的体育活动或赛事，为之后以社区为单位的体育活动发展奠定了基础。

1989年，民政部提出了社区服务的概念，它启发我们将体育工作作为社区服务的一个内容；1990年，天津市河东区二里桥街最先提出社会体育这个名词；1991年，国家体委在天津就社区体育召开了小型研讨会；同年，北京体育大学的王凯珍对社区体育进行立项研究，并写出了比较有价值的论文；1993年，国家体委在沈阳召开了社区体育现场会；同年，王凯珍、肖淑伦、李建国在职工体育工作研讨会上分别提交了社区体育的论文并发言。

1997年，国家体委根据我国全民健身活动的实际需要，开始实施"全民健身工程"。在3年多的时间内，国家体委与各省（自治区、直辖市）在全国多个城区、县区兴建了"全民健身工程"2000多个，健身路径近万条，为居民进行体育健身提供了活动场所。1997年4月，国家体委、国家教委、民政部、建设部、文化部联合下发了《关于加强城市社区体育工作的意见》，对社区体育的概念、社区体育工作的主要任务和职责、组织管理与体制、场地设施的建设与利用等做了明确的阐述。1997年11月，国家体委颁发了《全国城市体育先进社区评定办法（试行）》。

2000年4月，国家体育总局群众体育司在上海召开了"城市社区体育经验交流会"，各地相互交流了开展社区体育工作的经验和体会，达到了相互学习、共同提高的目的。

2000年5月，在湖北省武汉市举办了全国第一次社区体育运动会，国家体育总局在这个运动会上举办了首届全国健身路径优秀锻炼方法示范比赛。

2001年初，国家体育总局在召开的全国体育局长会上明确提出构建面向大众的体育服务系统，城市要以社区为重点。2004年，国家体育总局启动"社区体育俱乐部"试点工作。

2017年，国家体育总局印发了《室外健身器材配建管理办法》的通知，切实保障群众合法的体育健身权益。

2018年，国家体育总局印发了《智慧社区健身中心建设试点工作方案》，探索将信息技术更好地应用于社区健身中心建设和管理，更好地满足社区对公共体育服务的个性化、多层次需求，促进全民健身与全民健康深度融合发展。

2020年，国务院发布《关于加强全民健身场地设施建设发展群众体育的意见》，"十四五"期间，政府在全国新建或改扩建1000个左右体育公园，同时推进"互联网+健身"平台建设，打造"全国社区运动会"品牌。

2021年8月9日，国务院印发《体育总局关于认真贯彻落实〈全民健身计划（2021—2025年）〉的通知》，明确指出"大力发展城市社区体育，组织开展小型多样、经常性的社区体育健身活动"。

三、建设发展城市社区体育的现实意义

体育社区活动的建设是公益项目，它能够满足我国人民日益增长的体育活动需求，帮助人们强身健体的同时还提供一定的娱乐性。做好社区体育服务对促进社区发展具有深远意义。

（一）有利于推动社会转型

随着我国经济的持续增长，如何健康地生活变成人们的追求，健身运动成为许多人生活的"必需品"。这些变化需要依靠基层社区发挥其在体育整合、服务和管理方面的作用，创建并发展社区体育。此外，随着市场经济的不断发展，经济形态逐渐多元化，老龄人口的数量也在增加，自主创业的人也越来越多。这些自谋职业者往往没有稳定的单位职业背景，他们体质的提高和健康管理会更加依赖社区体育的发展。这样一来，客观上就要求社区进一步发展体育服务。

（二）有利于提高生活质量

随着我国综合国力的增强，人民生活水平不断提高。社区为了提高居民的生活质量，通过宣传科学健康的健身方式、策划多元化的体育活动，将更高品质的

生活带给群众，人们可以在运动中享受生活、锻炼身体。

（三）有利于改善人际关系

社区体育是以自愿、自由、自主的形式开展活动，它以轻松愉快、平等自由的方式为社区成员提供社交场所。体育活动讲求民主、平等、公正、协作等精神，可以让人们结交更多的朋友。人们可以通过体育运动这个"爱好"建立人与人之间更为信赖、亲密的关系。另外，社区体育活动使参与者，特别是青少年可以体会、学习到体育价值、道德规范和行为方式，并逐渐将其升华为具有社会价值的道德规范和行为方式。这不仅有利于适应社会，还可以增进邻里之间的友情。

（四）有利于增强认同意识

对社区的关心和认同意识是促进社区繁荣与发展的基本条件。认同意识的建立，需要具备两个条件：一是共同的利益；二是归属感。社区居民为了自身的健康利益参加社区体育活动，并在体育活动中十分关注与体育活动有关的社区公共设施、绿化、公共卫生以及社区服务等问题。他们因共同利益产生共鸣，并因交流逐步取得一致意见，达成共识。这样多次反复，社区成员的共同意识感就越来越强烈，最终会付诸行动，表现出凝聚力。此外，社区体育活动的开展都是通过各类社区体育组织进行的，社区成员参加社区体育组织，参与社区体育活动，还可以提高群众对于社区的归属感，会更有动力地去工作与生活。因此，社区体育活动的进行，可加强社区成员之间的联系，融洽感情，从而促使社区成员更加关心社区发展，共同为社区的繁荣作出贡献。

（五）有利于完善社区服务

社区体育活动是社区建设的关键内容，社区的核心内容是满足群众的生活需求，而体育活动需求是现代人生活的重要内容之一，因此社区需要通过社区体育活动建设来形成满足人们需求的条件。过去的社区服务主要集中在社区成员饮食起居的便民利民服务，随着体制改革和社区建设的发展，社区服务的内容不断扩大，教育、卫生、体育、治安等服务体系相继建立。社区体育随着社区成员健康需求的不断增加而备受关注。近年来，社区体育在健身休闲服务方面也做出很多努力，许多社区开设了健身房、双休日学校、周末俱乐部、活动中心等，组织各种趣味体育活动，满足了社区成员对休闲娱乐的需求。社区体育的功能对于满足社区成员生活需求有着重要意义，对于完善社区服务、方便居民生活、促进社区发展起到积极作用。

（六）有利于推动全民健身活动开展

社区作为精神文明建设和全民健身计划实施的载体，对我国社会体制改革和体育事业发展有着重要意义。社区是社会发展和体育事业发展的基本点，社区建设是社会发展的重点。作为社区建设重要组成部分的社区体育，理所当然地成为全民健身活动的主要途径。社区体育为全民健身工程提供了良好的环境和条件，全民健身工程为社区体育创造了硬件，两项工作相辅相成，相得益彰。社区作为人们生活的基本点，是实施全民健身计划的"根据地"。社区体育使《全民健身计划纲要》的实施更加符合社会发展需要，开展社区体育更能促进体育社会化。

四、城市社区体育建设发展的趋势

（一）社区体育在社会体育中的地位不断提升

21世纪是我国进行社会主义现代化建设的重要时期，在这一时期，社区建设将发挥重要作用。2000年12月，《民政部关于在全国推进城市社区建设的意见》指出，推进城市社区建设是改革开放和社会主义精神文明建设的有效措施；推进城市社区建设，是繁荣基层文化生活，加强社会主义民主政治建设的重要途径。社区建设在新世纪具有的重要意义决定了党和国家对社区建设高度重视的必然性，社区体育是社区文化的重要组成部分，而社区文化又是社区建设的五大内容之一。在党和政府高度重视社区建设的大背景下，社区的快速发展将会促使社区体育迅速发展。

（二）社区体育在社区建设中的地位明显提高

第一，2000年后，我国的体育事业和社区都需要进一步发展，而将社区发展与体育发展相结合形成的社区体育活动成为一项重要发展内容，因此我国的社区体育活动在近些年内飞速提升，各项社区体育功能也在不断完善。

第二，2008年，我国成功在北京举办了第29届夏季奥运会，这对于中国的体育事业与文化事业来说都是重要的历史性时刻。奥运会在北京的成功举办为我国的体育事业带来了极大的发展，人们热爱体育、愿意运动，对身体健康的关注度也空前高涨。国家、媒体都在关注奥运会，各个媒体对奥运会进行了大量的宣传报道，奥运会的举办使政策向着体育产业倾斜。众多的体育场馆建设了起来，许多运动器材在社区中得到应用。通过这场盛会，我国的体育氛围达到了极高的程度，民众的体育意识普遍增强，社区体育、学校体育、竞技体育以及各个体育产业都因为奥运会得到很大的发展。

第三，社区体育更加便捷，可以丰富人们的日常生活，也可以为人们提供更多的交友机会，这是之前"单位体育"所不具备的。社区体育活动能增强社区凝聚力，让邻里更加和睦。社区体育活动与现代社会和现代人的发展需求相契合，社区体育的发展将在社区建设中扮演着更为重要的角色，以满足社会、人民群众的需求。

（三）社区体育场地设施条件得到改善

为了满足人们对体育活动不断增长的需求，各地社区想方设法筹集经费，建设体育场地设施。例如，有的社区利用本街道的创收经费修建体育场地设施，有的街道通过财政拨款开展体育场地设施建设，还有的社区从各类社会募集资金中抽取一部分用于体育场地设施的建设。

1997年，国家体育总局为贯彻落实《全民健身计划纲要》一期工程，发挥体育彩票的作用，开始实施"全民健身"工程，几年来在全国基层社区兴建了近3 000处全民健身设施，为居民铺设了上万条健身道路。2001年，国家体育总局在《全民健身计划纲要》二期工程中实施了"中国体育彩票全民健身活动中心"建设。"全民健身"工程和"全民健身活动中心"建设工程的实施，改善了社区体育场地的设施条件。

由于人们对美好城市的期待已经随城市规划、科学建设进一步发展，城市建设与体育活动结合成为必然。比如，有些城市建立与公园、广场相结合的体育场，这种体育场的功能集中，可以省去很多场地，既可以满足人们的运动需求，也可以解决一部分人的休闲需求，是多功能体育场的代表。并且体育场内还有绿地等场所，具有一定的生态价值与美学价值。

(四)社区体育发展模式多样化

随着体制改革的实施,社区发展进入了新的阶段,各类社区呈现出日益明显的差异和多元化特征。近些年出现的一些新兴城市以及城市中老城区的扩展部分,与传统的城市建设有着很大的区别。针对不同的社区类型,我们需要选择相应的发展模式,以满足各自的需求。

第三节 经济转型期的城市社区体育建设

一、经济转型期城市社区体育的特点

在我国,社区体育是近年来人们对社区建设和文明发展日益重视的体现,是被逐渐认知且不断加强的新兴体育领域。它针对整个社区的所有居民,事关全国无数家庭,影响我国公民未来的身体素质,因此城市社区体育活动具有很强的福利性质或者是公益性质。目前,我国的社区体育建设必须结合我国国情,不仅要为群众服务,更要有"造血"功能,通过宣传让群众意识到运动的重要性,让群众既参与到运动本身中来,又参与到社区的建设当中。不仅如此,我们还要对学校体育进行建设,从学生时期便开始培养他们的体育意识。

在建设社区体育时,我们一定要面向全体居民,建设全体居民满意的运动环境。但是要特别注意社区中的老年人与儿童(老年人是指退、离休的社区居民,儿童是指学龄前的居民)的体育活动建设。社区体育活动主要包括两部分,分别是社区体育事业与社区体育产业,其中的社区体育事业通常来说是指隶属于社区行政组织(街道办事处、居民委员会等),投资基本上来源于政府行政的无偿体育活动。作为"社区体育事业"的这部分社区体育,没有经济利益的追求,社会价值的追求应该没有限制。社区体育产业指的是以经济利益为主要目的的社区体育活动,与社区体育事业并不完全重合。社区体育是为人民服务的活动,要严格约束通过社区体育活动获得收益的行为,社区体育不是以此牟利的工具。社区体育建设还应当体现出社会价值。所以,经济转型期的社区体育具有以下三个主要特征:

(一)指向性

指向性主要是指社区体育以社区为基础，以社区居民为主要受益者的本质方向。换句话说，并非所有在社区范围内举办的体育活动都可以归为社区体育，只有由社区居民在共同生活中出于需求发展起来，以服务为导向的体育活动，才是真正的社区体育。如果不重点为社区居民提供服务，这种体育活动就不符合社区体育的定义。

(二)社会性

社会性主要表现在社区体育服务对象的身体和心理健康方面，体育活动的最终要求是不断提升自身的身体素质，锻炼人的意志力，而社区运动的最终目的是要锻炼人的身心，通过体育运动使居民获得健康生活。社区体育的成效并非受限于体育事业或体育产业。社区体育是一种具有事业性或公益性的体育产业，这是由它的特殊性所决定的。

(三)经营性

经营性指通过对社区内居民进行体育活动的结果进行调查，根据不同居民不同层次的需求，不同的运动基础与不同的运动理念，对社区的活动建设进行一定的调整，使得社区体育运动环境更加适合居民。

二、加快我国城市社区体育建设与发展的对策

(一)加快城市社区体育管理体制的改革

1.加快街道、居委会体制的改革

在我国的社区体育管理系统中，街道与居委会是最基层的操作系统，具有服务社区居民的功能。如今，要加快街道与居委会的体制改革，可采取以下手段：第一，改革街道与居委会的建制，进一步增强街道与居委会的服务机制；第二，进一步加大街道与居委会统筹辖区发展、组织公共服务、指导社区建设功能的提升；第三，完善街道与居委会的工作机制，并加大对社区资金、设施等资源的投入力度，推动社区建设的发展。只有这样，才能有利于社区体育资源的优化组合，完善社区体育的管理体制，促进社区体育的发展。

2. 建立社区体育工作奖励机制和约束机制

公益性是社区体育的重要特点之一，社区体育活动要想顺利发展，体育经费是必不可少的。因此，要想促进社区体育的发展，就必须加强社区体育组织的经营与管理，拓宽集资渠道，力争获得政策和资金的投入，建立相应的奖励机制和约束机制，这样才能激发社区居民参与体育活动的积极性。

3. 加强社区体育法制法规的建设

在社区体育法制法规方面，需要有关部门集中推行社区体育管理的有关法律法规，制定实施细则，不断完善社区体育管理的组织体系，为社区体育的建设与发展提供制度保障。

（二）加快城市社区体育运行机制的改革

1. 完善社区体育管理的资金运作机制

目前，我国社区体育的主要资金来源为国家拨款，而随着体育产业化的不断发展，社区体育的资金来源应趋向多样化，如社区辖区单位的捐款、居民捐助、社区自有收入等。总之，要建立促进社区体育发展的有效资金运作机制，资金来源渠道应多样化。

2. 完善社区体育管理的调控机制

要完善政府调控机制，确保国家体育总目标的实现。完善监督管理机制，将核心监督、专业化监督、民主监督三种形式充分结合起来，使其起到互相制衡的作用，从而使社区体育管理得到有效调控。

3. 完善社区体育场馆设施建设与管理机制

社区体育场馆设施的规划设计要以满足社区居民的基本体育需求为主导，结合我国和当地实际，注意集约与节约用地，不盲目追求高标准。在社区体育设施的规划和建设上，应根据不同需求，有效组织各种活动场地及设施，使各种设施得到充分利用，提高体育设施及场地的使用率。在体育设施布局方面，要体现三个层次：第一个层次以中年及青少年活动为主；第二个层次以老年人活动为主；第三个层次以幼儿活动为主。整个社区的体育设施建设要以绿地为连接点，以公园和广场为依托，形成以点带面的规划格局。在社区体育场馆设施的管理方面，要有计划、有条理，合理配备管理人员，建立相关的管理制度。

第四节 城市社区体育服务体系的构建

一、城市社区体育服务体系的构建原则

城市社区体育服务体系构建需要有原则，不能无头无尾地进行建设，在建设过程中要做到有秩序、有目的、有结果。

（一）效益原则

社区体育活动的效益问题就是让学校、社区以及一些公共的体育用地合理、高效地使用，效益原则并非只考虑经济效益，还要兼顾社会效益、利用效益等方面。因此，政府在进行社区体育建设时要考虑效益问题，让社区体育活动高效地进行下去。

首先要考虑的是社会效益。加强教育和社区服务系统的建设，突出其对人才培养和社区建设的支持作用。由于服务体系在社会上的影响非常大，政府通过服务可以解决学校与社区等体育活动的资金问题。同时，服务体系能够使学校、社区等与体育运动参与者之间的联系更加紧密，甚至帮助学校与社区体育共同建成新型体育活动类型等。其中有些内容的文化价值是无法用经济衡量的。政府能够通过服务体系有效规划体育活动，能让体育活动在社区内最合理地进行，避免土地的浪费。

（二）育人原则

服务体系利用学校、社区体育场地设施使用时间的特点，为社区内的学校、居民提供不同时间段的体育锻炼服务，解决学校体育、社区体育发展中设施紧缺的问题。服务体系要从满足学生、社区居民身心发展的要求出发，强化体育对人的教育功能，在共享活动中从不同的环境中达到对学校学生、社区居民育人的作用。育人原则是构建服务体系的重要原则，学生在学校锻炼时，学校的环境会对

其产生潜移默化的影响，而这些影响都是正向的，这表明服务体育具有育人的作用。将这些积极的、正面的影响汇总成一个交集，在构建服务体系中以这些特点为主线，突出服务体系的育人功能；学生在社区中进行体育锻炼等相关活动，社区某些环境因素也具有教育功能，可以加强对学生的社区教育，这些都是育人功能的体现。

（三）互补原则

实行资源共享、协同治理的学校、社区有着不同的社会发展背景，不同的发展背景必然产生不同的文化特质。因此，在实行共享管理的过程中应对这些不同的文化特质予以比较鉴别，保留优良的文化传统，避免不良的文化倾向。对于学校来讲，社区居民进入学校锻炼，学校良好的学习环境会净化社区居民的心灵，使他们关心学校建设，爱护校园环境，关注学校发展；学生进入社区使用社区体育场地设施能加深对社区的认识，加速他们融入社区。社区、学校各自利用自己环境中的优势，通过服务体系使不同的主体得到提升。在构建模式过程中善于利用各自的优势，补充不同主体中缺少的东西，建立完善的城市社区公共体育服务体系。

二、社区体育多元化服务体系的构建

社区体育多元化服务体系是指针对社区居民不同的体育价值取向，通过政府支持，各种社团、机构、志愿者助力，最终形成的多层次、多种类，具有社会福利和公益性的社会体育服务整体组织架构。

（一）社区体育多元化服务体系的基本构架

1. 建立社区体育多元化服务的组织保障体系

社区体育组织管理服务体系能够激发广大居民参与健身运动的热情，从而有效地促进社区居民实现身体健康的目标，并为实现社区体育工作目标发挥重要的作用。随着社区管理职能的拓展，应将更多的管理责任和权限交给区、街道，逐步实现居民自治，形成一个以政府为主导，同时吸纳各个单位、群体和协会的多元化管理体系，推动社区体育建设和发展。社区体育组织管理网络是确保社区全民健身活动顺利进行的保障。因此，必须建立有效的社区体育组织，扩大其服务范围，并完善其运行机制。建立一个以街道政府部门为主导，社区体育协会为核心，晨晚练指导站和企事业单位的体育协会为基础，社会体育指导员和志愿者为主力，广大社区居民为核心参与者，各种体育健身场所为基础设施的社区体育组织管理网络。

2. 建设适应不同人群的体育设施网络系统

在社区体育中，体育是首要考虑的因素。体育具有特殊的文化性，其中动作过程需要一定的场地空间，并且还需要足够的资金来保障场地条件，这是实现多样化社区体育服务的重要前提。改善社区体育场地设施，为当地居民提供更好的体育参与环境。社区体育服务的重要物质要素是场地设施，它被认为是全民健身活动不可或缺的元素之一。提供优质的健身设施和有关的支持服务，也是创造积极健身环境的关键举措。随着人们体育需求的增加以及体育运动利益观和价值观的变化，社区体育场地设备的建设及现有场地的改造将得到进一步推动。这也源于全民健身计划的实施和社区发展的需要。

3. 建立生态化体育活动的内容服务体系

人民群众的健身活动想要频繁展开，就必须先有良好的健身意识，群众良好的健身意识是人们对于运动、健康以及体育文化等方面展现出来的较高思维方式、认知、意志等。我们要以各种宣传与鼓励手段让人们不断增强自己的健身意识，提高人民群众的健身兴趣，最终使人们自愿、快乐地参与到健身活动当中。为了增加社区居民的参与度，各社区可以互相借鉴经验，然后根据本地区的地理特点、文化风俗和不同居民的需求制定体育活动方案。此外，应该增加生态体育活动，如郊游、踏青、登山、野外活动、远足、自行车、探险以及在森林、沙滩、水中等开展的活动，以便吸引更多的社区居民积极参与。体育活动既能带来乐趣，又能增进社区间的凝聚力和培养社区意识。团结的社区可以增强居民的归属感，从而激发居民对社区和社会体育的兴趣和关注。社区和居民相互支持，相互促进。

4. 建立多元化信息宣传体系

充分发挥传媒的功能，注重体育健身宣传。在现代社会，要通过各种渠道对体育活动进行宣传，如网络、报纸、广播、电视等。体育宣传要有时效性，将合适的体育活动信息大范围地进行传播。要向大众更全面、更具体地传播体育知识，让人民群众切实感受到体育的价值。在宣传时要考虑各种影响因素，如选择人们喜闻乐见的宣传内容，或者选择一些能提升民族自信心的事件对体育活动进行宣传，让人民群众乐意接受体育的价值，并切身参与到体育活动当中来。同时，各媒体应当关注消息的真实性与有效性，若传播虚假事件、虚假案例，反而会打击人民群众参与体育的积极性。在宣传时还要注重相关的政策与法律法规，要结合政策与法律对人民群众进行更大范围、更多方面的科普。

（二）构建和完善社区体育多元化服务体系的主要环节与重点

随着物质生活水平的提高，人们对保健、健身等活动的要求越来越多。社区体育活动的建设者要着重关注"三个环节"与"四个重点"，切实落实社区体育活动建设，做到真正为群众服务。

1. 三个环节

一是建设好群众健身场地，方便群众就地就近参加体育活动；二是健全群众体育活动组织，建立社会体育指导工作队伍和社会化的群众体育网络，完善国民体质监测系统；三是举办经常性的群众体育活动，丰富群众文化活动。"三个环节"是《全民健身计划纲要》二期工程提出的指导思想，这一指导思想强调应切实把全民健身事业的基础建设和制度建设放在重要位置，做到"有人员、有阵地、有经费、有活动"。

2. 四个重点

一是社区体育活动参加人员以家庭和中老年人为重点；二是体育服务人员以社会体育指导员和体育积极分子为重点；三是社区体育活动内容以适应不同类型小区、不同人群需要、以亲民便民利民的娱乐健身内容为重点；四是社区体育设施建设以适应不同人群、具有小区自然和文化特色的体育设施为重点。另外，构建社区体育多元化的服务体系，必须坚持政府支持与社会兴办相结合，政府要重点支持公益性体育设施建设，群众性体育组织和体育活动要以社会兴办为主，鼓励、支持企事业单位和个人兴办面向大众的体育服务经营实体。政府在增加投入，办好公益性体育事业的同时，要积极扶持、鼓励社会、企业和个人兴办公益性或经营性体育服务经营实体，在税收等政策上给予扶持，使他们能够自我发展，为社区体育提供更多、更好的服务。

构建社区体育多元化服务体系是体育行业全面贯彻《中华人民共和国体育法》和《全民健身计划纲要》的具体体现。社区体育多元化服务体系将广泛和深入地引导社区体育全面、健康、有序地发展，它能够在中国社会政治、经济、文化快速发展的背景下，为不同类型、不同地域的社区居民提供追求更高生活质量的可能，最大限度地满足不同人群对不同体育文化的需求，从而达到全面提高国民综合素质的总体目标。只要我们予以高度重视，依托政府、社会和社区的各种力量和资源加大宣传力度，广泛拓宽资金渠道，加快社区体育组织、阵地和队伍建设，合理规划，科学发展，必将成功构建出最大限度满足人民日益增长的物质文化和精神生活需求的，与政治文明、精神文明、物质文明同步和谐的社区体育多元化服务体系。

第五节　中国现代化城市社区体育建设

一、现代化城市社区体育建设的内容

社区体育建设的内容具有多样性和复杂性，建设现代化城市社区体育需要对其内容进行深入的分析和理解，在此基础上推动现代化城市社区体育建设的发展。

（一）现代化城市社区体育建设的基本内容

社区体育建设可分为两个方面，一是社区居民以健身、娱乐、休闲等为目的的自主性体育活动；二是由专门组织或人员对此提供的组织、指导、咨询等服务性活动。社区体育服务是为居民的自主体育活动创造相关活动条件和提供帮助的各种活动的总称，主要包括对相关组织和个人提供指导、咨询等服务性活动。社区体育建设就是在广泛开展自主性体育活动的基础上，增强相关社区体育服务建设。

社区体育建设并不是特指某一方面的工作，而是指对整个社区的全方位、综

合性建设，既包括优化社区的体育环境、建立健全组织体系等方面，也包括加强体育文明建设和相关体育活动的开展等。

综合而言，社区体育建设的基本内容有社区体育领导及组织工作、社区体育健身活动的组织、社区体育骨干队伍建设、社区体育场地设施建设、社区体育经费筹措等。下面将对这几个方面进行阐述。

1. 领导及组织工作

（1）领导班子重视体育工作

在社区体育建设中，领导班子要充分重视体育工作，将体育工作作为社区精神文明建设的内容，制定长远规划和阶段性目标，根据具体计划实施相关工作。相关管理部门要有计划地开展社区体育工作调研，对体育队伍、场馆、体制、经费等方面进行深入研究，并能够解决实际问题。相关负责人应定期召开体育工作会议，布置、规划好体育工作。

（2）建立群体工作制度

建立健全社区体育管理机构，对于社区体育工作要进行积极的引导。与此同时，要建立社区群体工作制度。社区体育管理部门进行日常的管理工作，具体来说，居委会建立体育健身小组，对社区居民的健身活动进行指导；街道办进行积极的宣传和组织，呼吁更多居民参与到体育健身活动中来。

（3）建立社区体育组织

在社区相关体育管理机构的领导下建立相应的体育组织，以组织的形式开展相应的体育活动。一般会根据社区人口数量和人口结构，以及群众喜爱的体育项目种类确定相关群众性体育组织。

社区体育组织划分为自主松散型和行政主导型两大类。自主松散型是社区居民自发建立的比较松散的组织形式，如体育活动点、体育辅导站等；行政主导型社区体育组织是以政府部门或企事业单位为依托的正式社区体育组织，如社区体育服务中心、街道社区体协等。

（4）发挥社区单位的积极性

社区内的各单位（公司、企业、学校、党政机关等）应积极承办社区各项体育活动，并提供必要的活动场地和一些其他资源，如资金、器材等。社区内各单位积极性的发挥，对于社区体育活动具有重要的促进作用。

2. 健身活动的组织

（1）组织开展体育竞赛活动

相关组织者应该积极开展群众喜闻乐见的体育活动，充分利用节假日、双休日等时间，讲解体育活动知识，进行体育活动实践。一般而言，每两年举行一次由社区各单位参加、有8个项目以上的综合性运动会。每年举办6次以上的单项体育竞赛。

（2）开展广播操等体育活动

区属以上的企事业、机关单位应开展广播操等小型多样的群众体育活动，参加人数不少于本单位职工总数的60%；居民中离退休人员参加锻炼的人数不少于60%。

（3）开展大众体质测定工作

建立健全体质检测系统是我国开展社区体育建设的基本内容之一。社区相关管理部门应积极建立检查站，积极进行社区居民的健康体质检测和测试工作，积极推动社区居民健康状况的改善。

3. 骨干队伍建设

建立健全社会体育指导员队伍，并加强相关的体育指导培训，为社区体育组织配备相应的社区体育指导员。社区内定期举办相应的体育技能训练班，提高指导员队伍的素质，使其在社区居民健身工作中起到积极的指导作用。充分发挥社区单位体育骨干队伍的积极作用，使体育教师、离退休人员和体育积极分子参与社区各类体育组织的领导与管理工作。

4. 场地设施建设

（1）体育设施的建设

根据社区体育运动项目以及参加人数确定体育运动的活动场地，建立具有一定数量的体育运动器材和相关社区体育活动室，使指导员能够方便地进行指导、示范和培训工作。在相关的活动场地内应配备相关设备和场地的管理人员，并建立有效的管理制度。

在社区的广场、公园和闲置的空地等地方设置相关运动健身设施，方便社区居民健身；每个居委会有 1 个以上固定的晨、晚练指导站（点），使社区居民能够做到科学合理的健身。

（2）提高社区体育场地的利用率

根据社区的体育人口情况合理配置相关的运动器材和设施，并掌握社区内运动场地和设施的利用情况；对于学校、企事业单位的运动器材和场馆应该有组织地面向社会群体开放，增加其利用率。如果这些体育运动设施放置不使用，不仅是对相关体育资源的浪费，而且对社区居民的身体健康发展也没有促进作用。

5. 经费保障

社区体育建设过程中的经费投入必不可少，运动器材、运动场地以及相关运动竞赛等都需要一定的资金投入。社区体育建设过程中的资金投入应该达到常住人口人均 1 元以上，并逐年增加；评定周期内体育竞赛的社会集资应占社区体育竞赛总使用经费的 60% 以上。另外，在发展社区体育的过程中，可以建立相关的社区体育经济实体，创造一定的经济效益，促进社区体育建设进一步发展。

（二）现代化城市社区体育建设内容的相关问题

社区体育建设的内容具有多样性和复杂性，作为地域性的体育团体，社区体育是人口、环境、文化和生活设施等各种要素的综合体，是不同社区成员在体育健身方面的综合统一体，它以促进整个社区全方位发展为基本目标，在社区体育建设过程中必须涵盖这些要素和生活方面。具体而言，应该做到如下四点：

1. 必须明确重点和主要内容

社区体育建设的内容具有广泛性，在社区体育建设实践的过程中，应该明确其重点内容和主要内容，在工作中做到主次分明、张弛有度。社区体育建设是社区建设的重要组成部分，包含着多层次和多方面的内容。在社区体育建设的过程中，包含着对社区体育资源以及相关社会体育力量的整合和运用，而这会涉及政治、经济、文化等各个方面。

社区体育建设实践表明，如果不分主次和轻重缓急，往往取得的效果也不尽如人意。这就要求社区体育建设需要明确重点内容或主要内容，进而抓住这些内容，力求有所突破，最终实现以点带面、部分带动整体的发展。

2. 社区体育建设内容是一个整体

社区体育建设内容众多，但是这些内容并不是孤立的，而是一个相互联系的统一整体。例如，社区体育服务建设是社区体育建设的重要内容，但是其发展离不开社区经济，并且与社区的教育、文化等内容具有密切的关系；又如，社区文化的发展对于社区体育的志愿者服务活动具有积极影响，对于社区体育服务人员水平的提高具有重要意义。因此，我们说社会体育建设的各个内容之间相互联系、相互影响，共同构成了社区体育建设的内容。

3. 社区体育建设的内容是变化发展的

社区体育建设的内容处在不断的发展变化中，随着时代的发展，其内容结构也在不断更新。在过去，很多社区把发展经济作为其主要任务，而如今，社区体育文化和社区体育环境建设被放在了更为重要的位置。另外，社区体育建设主要内容的具体表现会随着实践的发展而不断更新。研究表明，20世纪80年代末期，社区体育建设以解决基本的体育活动需要为主要内容；而到了20世纪90年代，社区体育建设可以满足居民的各种需求。因此，社区体育建设的内容处在不断的优化和完善中，反映着不同时期人们的需求。

4. 决定社区体育建设内容的因素

社区体育建设不仅要与党和国家的工作相呼应，还要根据社区自身的实际情况以及广大社区群众的实际需求进行积极调整。具体而言，决定社区体育建设内容的主要因素包括以下四点：

第一，每个社区的经济发展状况、人口素质、文化背景、地理环境等方面具有很大的不同，而这些因素共同影响社区体育建设工作。因此，在社区体育建设的过程中，应该从实际情况出发，积极地确定和调整社区体育建设的主要内容，这样才能推动社区体育建设的顺利进行。

第二，社区体育建设的最终目的是提高社区居民的生活质量，社区体育建设应该以社区居民的需求为中心展开，社区体育建设的重点内容也要尽可能地反映社区居民的各项需求。另外，只有充分满足居民体育健身的需求，才能更好地调动社区居民参加体育活动的积极性，才能促进社区体育建设的发展。

第三，社区体育建设是社会宏观发展的重要组成部分，反映着社会宏观发展的主要目标，因此社区体育建设的重要内容要与社会发展的目标相一致。我国坚持集体主义价值导向，一般而言，社区居民的体育需求与政府的工作重点具有高度的一致性。

第四，党和政府在社区体育建设的过程中处于主导地位，对各项工作起着领导和指引的作用，只有社区体育建设的主要内容与党和政府的工作重点相一致，才能促使党和政府大力推进社区体育建设。

二、现代化城市社区体育建设需要注意的问题

（一）发挥社区体育人力资源的作用

社区体育建设需要借助各方的力量，要充分调动和发挥各方面人力资源的作用，注重人的因素，这是取得成功的重要保证。在社区体育建设过程中，很多活动都是通过体育人员人格魅力的感召，并且是在低偿或无偿的条件下开展的。因此，应该充分发挥社区体育人力资源的作用，通过人际互动产生的非正式组织结构发挥人际网络的功能。在社区体育建设的过程中，要充分利用激励机制的作用，调动相关工作人员的积极性和自觉性。

（二）发掘社区体育组织协同资源

多样的社区体育，如足球俱乐部、太极拳协会等都有特定的参加人群，这些组织结构决定了其体育运动项目和功能，这些组织之间应该加强交流和沟通，使它们之间形成协同互补，使各部分资源得到更好的利用。社区体育组织是一个开放的系统，各组织之间要尽可能地实现资源的优化整合，从而更好地推动整个社区体育工作的发展。

（三）合理利用社区各类经济资源

社区经济资源可以分为两大类，即营利性和非营利性。营利性组织包括单独的经营者、合作经营者以及企业或公司三种形式。这些组织以盈利为目的，这些组织在经济发展较好的地区发展迅速，但是在经济发展缓慢的地区难以立足。非

营利性组织有辅导站、晨练点、非正式组织等，它们通过政府的免税政策维持运行，具有更加广阔的生存空间。

社区经济资源作为一种潜在的资源，通过作用于人们的体育活动，加强社区人群的健康。社区经济资源对社区体育的发展起着重要作用，它不仅是社区体育发展的根本，也是社区体育建设的根本。社区体育建设必须依赖两种社区经济资源，发挥其最大的经济效益。

（四）开发利用各类场所资源

社区体育的开展必须拥有一定的活动场所，开发必要的社区体育活动场所，并合理有效地利用，这是社区体育建设顺利进行的必要保证。为了节省社区的成本，应该充分利用一些现有的体育空间，如学校、企业和政府机关等的体育场地或空地等。

社区体育场所的规划必须从长远出发，并进行科学论证，从而使这些体育空间在满足各类人群需要的同时，能注重体育场所的合理布局。固定社区体育活动的场所，能够使从事社区体育活动的人群形成一定的依附感和归属感，从而使人们更加稳定、有规律地参加体育活动。

（五）开发地域特点健身资源

社区原本存在的体育发展资源对之后的体育建设会有很大的影响，甚至可能决定着社区体育发展能进行到何等程度。社区体育资源的新颖性和独特性对于激发人们的体育运动动机和唤起实践行为具有重要作用，不断开发具有社区特点的健身运动内容，对于吸引社区居民参与体育活动具有重要的促进作用。体育活动不仅其本身具有强大的活力，还能激发人们的创新精神，使人们更富有活力。

中国地大物博，生活在中华大地上的各民族也形成了各具特色的传统体育项目，开展这些传统体育项目，对于丰富和活跃社区居民的生活、增强人们的体质和提高人们的生活质量具有重要作用。可以说，民族传统体育是取之不竭的体育资源，对于社区体育建设来说，无疑是一种巨大的推动力量。

（六）落实社区体育工作计划

社区体育建设的实施必须制订详细的工作计划，并认真贯彻实施。社区体育建设工作影响社区居民的日常生活,可以促进人们体质的改善,同时引导着人们的闲暇文化,是一种重要的社会力量。在具体实施社区体育建设计划时,会遇到相应的社会阻力,因此,应该合理利用和实施社区体育建设计划,提升社区体育的作用和功能。

第四章 城市社区体育建设实践探索

本章内容为城市社区体育建设实践探索,论述了城市社区体育中心的构建、配置及管理,城市社区体育俱乐部与社区体育场地设施的协同治理,智慧社区体育服务的模式、平台及产品,中国智慧社区体育服务的规范标准及典型案例。

第一节 城市社区体育中心的构建、配置及管理

社区体育中心是为了方便居民进行体育健身活动而在特定区域建设的,在许多国家,社区中会存在一个大型的体育中心。我国的体育中心能够满足社区群众绝大部分的体育活动需求,因此成为人们进行体育活动的基本载体,是社区体育的支撑。

一、国外社区体育中心的建设标准及基本特点

1. 英国社区体育配套设施标准

英国体育理事会在 20 世纪 80 年代中期制定了英国社区体育中心的基本标准(SASH),要求每 2.5 万人的社区就需要建设一个社区体育中心。社区体育中心必须能够开展 17 个体育项目,即羽毛球、篮球、保龄球、壁球、5 人制足球、健身操、室内曲棍球、柔道、空手道、健身、舞蹈、网球、迪斯科、旱冰、乒乓球、蹦床、排球。此外,中心还需建有健身房、会议室及更衣室。社区体育中心应具有多用途、灵活、成本较低、易于管理等特点。英国社区体育中心包括 2 个层次,即英国村镇与社区厅(Village and Community Hall)和社区体育厅(Community Sport

Hall）。英国村镇与社区厅可以开展体育活动，同时可以举办经常性的社会文化和艺术活动。英国村镇与社区厅主要包括：一个可以兼作室内体育场地和会议室的大厅，以及村镇与社区厅的辅助设施，大型的村镇与社区厅还设有第二体育活动厅。村镇与社区厅需建在社区的中心地带，外表美观大方，给人一种愉悦的感受，能够与自然环境融为一体。村镇与社区厅还需满足下列要求：能够加进一个厅室、商亭以及临时搭建的看台；在体育与休闲中心能够设立开展社区活动的厅室；村镇与社区厅不仅能够为社区居民提供服务，同时还能为社区里的学校提供服务；村镇与社区厅能够在现有基础上进行扩建和改善，以提高环境标准并能够开展更多的体育活动。

社区体育厅是专门为开展社区体育活动而建设的体育中心。社区体育厅规模大小的设计一般以羽毛球场作为参照标准来进行，一般内部场地的规模分为4个、6个、8个、9个、12个羽毛球场大小。英国体育理事会对不同规模的社区体育厅的功能都进行了十分详细的规定。一个高质量的社区体育厅必须能够为人们提供一个尽情放松的环境，同时又能够满足人们不同层次的健身需求。社区体育厅内部一般包括：休息室、饮食店、茶点室、更衣室和卫生间、残障人士设施、办公室、设备存放室、急救设施、洗衣店和植物间。规模稍大的社区体育厅还包括：俱乐部会议室、健身房、多用途的第二体育厅、健身影像室、工作人员室、理疗室、全天候户外体育场。英国社区体育厅组织的体育活动内容比村镇与社区厅更为丰富，据英国体育理事会2001年的调查，英国社区体育厅开展的体育活动有150多种，排在前3位的分别是羽毛球（24.4%）、健身／有氧运动／瑜伽（23.6%）和室内5人制足球。

2. 美国社区体育配套设施标准

美国社区体育中心的发展可以追溯到19世纪末20世纪初的"美国休闲运动"（Recreational Movement）。由于工业化与城市化的进程加快，人们承受强烈的心理紧张感和压抑感，环境污染和沉重单调的工作使个人的健康水平每况愈下，城市里还充斥着不健康的商业娱乐活动。1885年著名的社会活动家玛丽博士开始学习德国的模式，探索可以开展多种体育休闲活动的社区体育中心模式。经过近半个世纪的努力，美国政府认识到综合性社区体育中心的重要性。在1932—1937

年，美国政府拨出15亿美元专款用于修建社区体育中心。第二次世界大战以后，美国政府分别颁布和制定相关法律，规定社区体育中心的基本标准，并通过拨出专款和建立相关基金的方式投资社区体育中心的建设。在美国，几乎每个社区都有自己的社区活动中心，美国的社区体育中心一般由室内和室外设施组成。室内设施包括多用途的体育馆、健身房、游泳池等，可以开展乒乓球、羽毛球、游泳、舞蹈、电子与机械游戏、健身、健美与锻炼活动等体育活动。户外体育设施包括高尔夫球场、网球场、游泳池、钓鱼池、野营地等，在这些地方还可以开展骑马、滑翔、飞机模型等体育活动。社区体育中心还配有更衣室、大厅、游戏室、俱乐部会议室、快餐店、阅览室等附属设施。

在美国社区体育设施体系中，社区公园体育设施占据重要地位。1956—1966年，美国国家公园服务部和美国森林服务部通过"Mission66"（第66号命令）规定了社区公园体育配套设施的标准（表4-1-1）。

表4-1-1 美国城市社区公园系统体育配套设施的基本情况一览表

	公园面积	公园配置
小型公园	1～4英亩，每1000人拥有1/4～1/2英亩	通常是为某类特殊年龄群体设计的
街区公园	5～50英亩，每1000人1～2英亩	10%～20%的面积保持自然景观，其余地方则建有游泳池、体育活动设施、游戏场与运动场等。有些街区公园往往和学校的体育设施融为一体，可以满足不同年龄群体的体育需求
社区公园	50～400英亩，社区每1000人拥有5～8英亩	20%～40%的面积保持自然景观，除常规体育活动场地外，还配有高尔夫球场、儿童游戏场、野餐区域、运动场、游泳池、自行车与徒步旅行道
管区公园	400～800英亩	40%～60%为自然景观，配有自行车运动、徒步旅行、散步道路、高尔夫球场、野餐区域以及水上运动区域，可进行游泳、划船、垂钓等活动
地区公园	1000英亩左右	50%～80%为自然地带，可进行骑马、徒步旅行、自行车、野餐、划船、游泳、钓鱼、野营、冬季运动、登山及其他体育活动

注：1英亩=0.004047平方千米

美国"健康公民 2000 年"（Healthy People 2000）又把增加社区体育中心的数量作为一个重要指标。其中规定，至 2000 年，美国社区每 10 000 人要建 1 米野营、自行车或健身路径，每 25 000 人要建一个公共游泳池，每 1000 人要建 4 英亩开放的休闲公园。这些指标在 1996 年已提前实现。

（二）国外社区体育中心建设与发展的基本特点

国外社区体育在发展过程中展现出值得我国进行社区体育建设学习的特征，如：

在国外，社区体育中心扮演着至关重要的角色：它们是构建社区服务网络的重要组成部分，也是举办社区体育活动和俱乐部活动的主要场所。社区体育中心的目标是满足社区居民多层次的运动需求，而非追求竞技体育成就。在开始建设时，设计者通常会深入调查社区居民进行体育活动的特点和需求情况，同时调查已有的体育设施和市场情况。

国外的体育中心可以同时进行多种体育活动，英国的体育中心基本上能开展 17 个体育项目，社区人较多、规模更大的体育中心甚至能开展更多的项目。国外的体育中心是依靠多功能的体育馆才能做到这点的，基本每个体育馆都会有这样的多功能体育馆，游泳池也是体育中心的必备场所之一，因此大多体育中心同时提供水上娱乐设施，其中就包括游泳池。

国外的体育中心极具城市或社区风格，这些体育中心往往都成为城市的人文景观，不仅能提供服务，也能在建筑的表面形式上保持美观。

国外的体育中心功能丰富、设施齐全，体育中心不仅具有多种多样的体育设施，满足各种体育活动的需要，还有一些小型剧场，可以供人们举行集会、小型展览、剧场、舞蹈表演、音乐会等活动。因此，国外的体育中心不仅能为人们提供体育活动项目及场所，体现出它的体育价值，还能为人们提供许多社交与娱乐活动，为人们提供相应的娱乐价值。

社区体育中心规模通常不大，但设施与内容齐全，相对较小的体育中心在管理方面具有灵活、自主的特点，可以进行群众共同管理，在使用时也可根据实际情况不断改变运用状况。此外，这种小型体育中心还有节约成本等优点。

不同人群对于体育活动的接受程度是不同的，如老年人大多无法进行剧烈的有氧运动，青少年对于大多体育运动都可以接受，妇女与儿童也需要对运动项目进行筛选，有些社区中还需要为残障人士提供相应的体育活动。

二、国外社区体育中心的经营管理

（一）地方政府对社区体育设施的管理

在西方发达国家，地方政府是社区体育中心的主要管理者。地方政府需要向社区体育中心提供财政补助，此外，政府还采取免税、出售土地、以低价出租土地等政策措施来提供经济援助。20世纪90年代以来，大多数国家开始采用竞争机制，政府设定了一定的标准，只有那些符合标准的中心才有资格获得资助。根据澳大利亚维多利亚州体育与休闲部的规定，第一，社区体育中心的建筑必须满足多项运动需求，这些体育设施须向社区所有居民开放使用，使收入较低的居民能够享受体育活动。强调保障安全和风险控制；策划和举办多样化的休闲体育活动；设有可供多种活动使用的健身和自行车通道；突出重视青少年、妇女和老人的服务质量。第二，建造和保养社区体育中心。第三，加强法规制度建设，采取如减免税收和转让土地等措施，推动社区体育中心的发展。第四，为社区体育中心的运营和管理提供咨询服务。第五，了解和研究社区成员对各项体育活动的需求和兴趣，与相关体育组织合作，协助社区体育中心制订合适的活动计划并负责策划和组织社区体育活动，以确保其良性开展。第六，联络社区内各类体育协会、俱乐部和其他相关组织，以促进社区体育中心与这些组织的合作，从而加强信息交流。

长期以来，西方的体育中心运营费用基本来自政府，但是高昂的体育中心费用也为政府带来不少的压力。20世纪80年代后，各国开始进行改革，让体育活动的建设与社会结合起来。如1988年，英国颁布了相关法律，要求政府放弃体育中心的管理权，以公开招标的方式将社会与资本的力量引入体育服务当中，这样的行为可以让人们体验到更好的体育活动；再如1998年，澳大利亚也对体育中心的管理制度进行了改革，将体育中心的建设权限让渡给社会。

（二）国外社区体育中心提高经济效益的策略

1. 发展体育俱乐部与体育协会

在国外，大多俱乐部都是群众进行体育活动的基本场地，俱乐部数量与种类极多，可以满足各类人群不同的需求，人们喜爱的运动都能找到相关的俱乐部。俱乐部除了能够提供群众活动的基础场地外，还能帮助群众找到志同道合的人，在同一个俱乐部里，都是对此运动感兴趣的人，人们可以在这里找到自己的伙伴，甚至很多人的人生伴侣都是在俱乐部活动中遇到的。

国外的体育协会往往设在社区的体育中心，或者离社区的体育活动场地很近的地方，这样人们出现问题时可以及时进行反馈，并且体育协会可以与社区共同发展社区的体育活动。这样可以更好地服务人民，为群众带来更好的体育支持。

国外体育协会与俱乐部广泛设置，使得人民可以获得更多的体育活动方面的体验。同时，这样的设置提高了体育中心的利用率，让体育中心能发挥出最大的价值。人民群众的体育活动的特点是有规范、有计划、有秩序、高品质，不仅使群众出现体育活动问题时能得到更好的解决，也让各个机构以最高的效率服务群众。

2. 积极发展会员，形成稳定的消费群体

在日常体育实践中可以发现，体育产业的发展离不开一批忠实的消费群体。只有积极扩大体育产品与服务的消费群体（如体育俱乐部的会员与体育场地的付费用户等），才能更好地发展体育产业。能为体育活动付费的用户数量是衡量体育管理水平的重要指标之一，对付费用户的拓展也是体育产业经营的重要环节。付费用户是体育产业的资金来源之一，西方的体育产业已经有了很好的管理与经营体系，体育场馆会员也在不断拓展。西方国家通过宣传、免费体验等方式让人们接受这种付费的模式。西方国家在会员与付费用户的管理上往往会有入会调查、身体体检、体育活动推荐、身体能力测评等项目。

三、国内社区体育中心建设现状及发展策略

（一）国内社区体育中心建设现状

目前，我国体育场馆依据产权性质可分为国有、集体、个体、外资（含中外合资）、其他五类。这五类体育场馆所占比例依次为：国有占75.4%，集体占12.4%，个体占5.1%，外资占4.7%，其他占2.4%。我国体育场馆的产权性质已呈现多元化状态，虽然国有体育场馆仍占3/4以上，但其他类型的体育场馆已占有相当比例。这标志着社区体育中心的建设已经从纯政府事业开始向社会化方向转移。

另外，我国区级社区体育中心的配置设施标准是1.5～2万座位的体育场一座，2000～4000座位的体育馆一座，居住小区需配备体育场所200～300平方米/千人等配套标准。从目前我国社区体育中心建设的情况来看，体育中心的建设大都采用"一场两馆"的建设模式，其功能较好地保障了专业体育运动队的日常训练和大型运动会的顺利进行。

（二）我国社区体育中心发展策略

1. 注重体育社区的整体发展

我国与许多发展中国家一样，更加倾向于在体育方面投资和建设能够展现国力的设施，特别是能够提供综合性运动会所需的场馆和设备。随着城市化的快速发展，我国社区的主体构成变得越来越多元化。不同的居住组织方式吸引了不同的居民群体，因此对社区体育中心的设施提出了各种各样的要求。在建设社区体育中心时，应当考虑到居住环境的差异性以及社区多元化需求的特殊性，并据此制定出适合当地民众的社区体育设施发展目标。我们应当利用地理信息系统等工具，更科学合理地规划社区体育中心的布局。除了提供通用的体育健身设施外，还应提供符合特定人群、特定体育活动爱好者的特殊体育活动机制。

2. 建立健全政策和监督机制

城市社区体育中心设施的建设标准在欧美等发达国家都是以技术文件的形式出现，其内容涵盖体育设施数量、规划建设和服务方式，这些标准由体育部门牵头，当地政府以立法的形式确立下来。我国应树立社区体育"依托于大众，服务

于大众"的理念，坚决改变我国体育场（馆）建设"重竞技体育，轻全民健身""重大型场（馆），轻社区体育设施"的局面，彻底改变我国体育场（馆）布局的倒金字塔形结构，建立和完善具有中国特色的体育场（馆）体系结构。

第二节　城市社区体育俱乐部与社区体育场地设施的协同治理

一、城市社区体育俱乐部与社区体育场地设施协同的紧迫性

（一）有利于满足社区居民的体育需求

政府职能变化、"单位体制"的改革和"社区体制"的建设对城市社会体育的改革与发展、社区体育的兴起起到了至关重要的作用。社区体育俱乐部是社区体育的重要组成部分，它的建立发展以及数量的不断增加，为社区居民提供了更多参与体育锻炼的机会。

在国家"全民健身"战略的推进下，人们的体育需求日益增长，需要有足够的体育场地设施作为硬件载体进行体育锻炼。体育健身锻炼需要有科学的体育锻炼指导，所以社区居民需要有专门的体育健身组织去为他们提供科学的体育锻炼指导服务。社区体育俱乐部作为体育组织，可以发挥组织的功能为人们提供服务，其与社区体育场地设施之间的协同，可以满足社区居民日益增长的体育需求，同时促进社区体育服务体系的进一步发展。这种合作关系可以视为一种互利互惠，对于推动社区体育的发展起到积极的推动作用。

（二）有利于资源整合，充分发挥资源协同效应

社区体育俱乐部与社区体育场地设施之间的协同治理，有利于资源整合，使资源形成合力，充分发挥资源协同效应。首先，社区体育俱乐部作为体育组织，能够为社区居民提供体育健身锻炼服务以及开展日常的体育锻炼和比赛活动。社区体育俱乐部与社区体育场地设施的协同治理可以聚集人才资源、技术资源及资金资源等资源优势，其中人才资源又可以为技术资源提供支持。社区体育俱乐部中的健身教练、社会体育指导员可以提供各种运动技术、体育锻炼知识等，技

资源的发挥要依靠人才资源，人才资源的发挥也离不开技术资源，两者相辅相成、相互统一。其次，社区体育场地设施为社区体育俱乐部提供体育场地设施资源，可以充分发挥其"本职"功能为社区体育俱乐部提供服务，提高社区体育场地设施资源的利用率，避免闲置现象的发生。社区体育俱乐部和社区体育场地设施相互依赖，彼此协同发展，共同实现各自功能的最大化。社区体育俱乐部依托社区体育场地设施提供多样化的体育服务，社区体育场地设施则需要社区体育俱乐部的活动和组织来发挥其功能。这种协同关系有利于社区体育俱乐部和社区体育场地设施各自功能的发挥以及两者之间的资源整合，实现"1+1>2"的整体功能，充分发挥资源的协同效应。

（三）有利于促进全民健身的战略发展

国务院于 2014 年 10 月发布了《关于加快发展体育产业促进体育消费的若干意见》，其中确定了全民健身作为国家战略的重要组成部分。这一政策推动体育产业的快速发展并促进更广泛的体育消费。在"十三五"规划纲要中，明确提出了"实施全民健身战略，发展体育事业，加强群众健身活动场地和设施建设，推行公共体育设施免费或低收费开放"。

要想实现全民健身事业的发展目标，全面推进全民健身战略，促进社区居民参与体育健身锻炼，使群众体育健身活动普遍化、经常化、多样化发展，一方面需要加大修建体育场地的力度或提高现有体育场地设施的利用率；另一方面需要促进社区体育俱乐部的建立发展，发挥其为居民提供体育组织的功能，使其扎根于社区，成为联系社区居民的体育组织，从而有效地激发和带动更多的居民去参加体育健身锻炼。社区体育俱乐部与社区体育场地设施的协同建设、发展，势必能够有效促进社区参加体育健身锻炼的人数不断增加，进而不断促进我国全民健身相关领域的发展。

二、城市社区体育俱乐部与社区体育场地设施协同治理的对策

（一）政府制定协同目标，做好顶层设计

社区体育俱乐部与社区体育场地设施处于区体育局和街道办双重管理之下，

它们之间的协同需要区体育局与街道办的跨部门协同合作,这个过程中要发挥政府主导作用。两者之间的协同需要在政府层面制定政策和协同目标。以协同目标为主体有两方面作用:一方面,可以促进已经形成协同系统的社区体育俱乐部子系统与社区体育场地设施子系统之间的非线性相互作用,促进协同系统的自组织形成;另一方面,可以研究在社区体育俱乐部与社区体育场地设施之间构建协同系统,不断发展社区体育俱乐部的数量。社区体育俱乐部与社区体育场地设施之间的协同,需要政府制定协同目标,做好顶层设计。

(二)发挥资源整体功能的协同效应

十八届五中全会通过《中共中央关于制定国民经济和社会发展第十三个五年规划的建议》,该建议强调在国家发展的整体大局中坚持创新发展的重要性,并提出创新必须置于核心位置。美国经济学家诺斯提出强制性制度变迁需要通过政府命令和法律手段实现,是一种自上而下的制度变迁。诱致性制度变迁是指现行制度安排下变更和替代是由个人或者一群人自发倡导、组织和实行的,是一种由局部到整体和自下而上的制度变迁过程,制度变迁的主体是一群人或者一个团体。从强制性制度变迁和诱致性制度变迁的角度来看,社区体育俱乐部只是民间自发的非政府组织,要实现诱致性制度变迁,过程是缓慢的、困难的;社区体育俱乐部是由区体育局发起组建的,是一种自上而下的政策行为。社区体育俱乐部与社区体育场地设施都是政府系统主导下的子系统,两者之间的协同,适合用强制性制度变迁来实现。

社区体育俱乐部与社区体育场地设施相互配合,形成一个有机整体的协同系统。在宏观层面,需要在区政府系统主导下,由体育局子系统与街道办子系统密切合作、协调资源,实现社区体育场地设施和社区体育俱乐部的协同发展,并且在过程中要共同制定协同目标。在中观层面,需要区体育局系统与街道办系统以政策的协同目标加强协作与沟通,以制度创新促进社区体育俱乐部与社区体育场地设施的协同,从而创建协同系统的发展模式。在微观层面,社区体育俱乐部与社区体育场地设施之间要加强互相的非线性作用,不断地从外界获取能量、物质、信息。社区体育俱乐部与社区体育场地设施之间的协同行为,可以有效发挥社区体育俱乐部人才优势、技术优势及组织功能的作用,从而有效发挥社区体育场地设施的功能，有利于整合地域资源，增强整体性，突出功能互补，实现错位发展，相辅相成，从而充分发挥资源整体功能的协同效应。

（三）解决好产、责、权问题

为实现社区体育场地设施子系统和社区体育俱乐部子系统之间的协同，制度创新是至关重要的。制度创新需要借助外部控制参量（政策保障）来促成序参量的产生，即需要政府通过政策进行强制性制度变迁来保障制度创新（序参量）的产生。在协同系统中，一是要建立健全协同组织管理体系。这一体系将有助于解决社区体育场地设施与社区体育俱乐部之间的协调问题，有助于明确各方的责任、权利和义务，确保资源的合理配置和有效利用。二是要实现政府资金的保障，主要涉及社区体育场地设施的管理费用，包括场地设施的损耗维修、器材采购等。三是社区体育场地设施管理方与社区体育俱乐部的权力和责任应予以明确。为此，政府应制定具体的法律文件及规章制度，对社区体育俱乐部和社区体育场地设施管理方的权责范围进行规定和指导。规范化的法律文件可以确保管理方在行使权力的同时，切实履行相关责任，为社区体育事业的发展提供有力保障。

（四）加强宏观调控，搭建协同信息的沟通平台

政府应主导社区场地设施与体育俱乐部的协同发展，加强宏观调控，履行和提高政府为社区居民提供公共体育服务的职能和科学管理水平。政府机构应当促进社区体育设施与社区体育俱乐部之间的信息交流平台的建设，以协调这两者组成的协同系统。社区体育俱乐部与社区体育场地设施一旦出现协同问题，就可以通过该协同信息的沟通平台及时地反馈给政府系统，政府再通过政策的调整去协调它们的协同关系。有关政策保障、资金资助、供求消息、制度颁布也可以通过该协同信息的沟通平台传达给协同系统，进而加强社区体育场地设施与社区体育俱乐部之间的非线性作用。为了推进社区体育场地设施与社区体育俱乐部之间的协同发展，需要政府加强宏观调控，搭建一个官方信息沟通平台，以便各方信息能够得到有效的整合和共享。该平台应当依托多渠道收集信息，并尽可能获取在公共体育服务方面的社区居民需求。除此之外，该平台还要做到信息无损地上传下达。信息沟通平台是促进社区体育俱乐部和社区体育场地设施之间协同发展的

重要工具。通过建立这样一个平台，不同主体之间可以更好地了解彼此的目标和行动，从而推动协同合作，共同实现既定目标。此外，信息沟通平台还起着促进信息共享、建立信任和共识的作用。通过信息沟通平台，社区场地设施与体育俱乐部可以更高效地传递信息、加强交流、提升合作效果。它在协同合作中的重要性在于能够使多元主体高效协同运作，并发挥政府部门的影响力，推进合作和共享愿景的实现，最终实现一致的协同治理行动。

在推动协同发展的过程中，建立信息共享系统至关重要。通过开展信息收集和传递工作，我们可以获取更加有益于协同发展的信息资源，从而协助政府部门作出更加科学合理的决策。城市社区公共体育服务的信息公开与信息分享是沟通平台建设的关键，而多渠道汇集和反馈社区居民公共体育服务需求的具体信息，有助于更好地发挥沟通平台及信息共享的功能。

（五）创新社区体育俱乐部的发展模式

根据地域不同，因地制宜采取措施，整合本县、街道/乡镇、社区的体育场地设施资源，供社区体育俱乐部使用。例如，截至2013年底，北京市已有12个社区体育俱乐部与商业俱乐部合作经营，有2个社区体育俱乐部与青少年体育俱乐部合作经营，合作形式是由社区体育俱乐部提供场地或设施，而商业俱乐部给予社区居民一定程度的支持或优惠。因此，今后社区体育俱乐部的发展也可以考虑与商业俱乐部合作的经营模式，实现所有权与管理权分离。

社区体育俱乐部的发展离不开社区体育场地设施的供给，通过盘活整合存量资源，不断创新社区体育俱乐部的发展模式。在政府层面，第一，要以产业升级转型后的新业态代替原有业态，改造社区体育场地设施；第二，使社区体育俱乐部可以合理利用（城市）公园、户外广场、公共体育场地设施等资源；第三，鼓励具备条件的学校、公园、机关、企事业单位依托体育场地设施创建社区体育俱乐部，政府给予这些单位政策优惠，同时要求社区体育俱乐部对学生、老年人、残障人士等免费开放或给予优惠；第四，可以利用旧厂房、仓库、老旧商业设施等闲置资源建设社区体育场地设施，供社区体育俱乐部使用。因此，应盘活整合存量资源，不断创新社区体育俱乐部的发展模式，使社区体育俱乐部与社区体育场地设施构成协同系统，不断促进协同系统的组织形成。

第三节 智慧社区体育服务的模式、平台及产品

一、智慧社区体育服务模式

（一）智慧社区健身中心

1. 智慧社区健身中心建设标准

2018年，国家体育总局颁布了《智慧社区健身中心建设试点工作方案的通知》，其中规定了智慧社区健身中心建设的工作进度、责任分工、工作目标、实施流程、经费、项目的硬件和软件技术等（表4-3-1、表4-3-2）。

表4-3-1 智慧社区健身中心信息监管系统建设标准

系统功能	配置内容	必配／选配	有关要求
对场地设施的客流量、能耗、现场情况等进行实时监控	场地设施运营监管信息平台	必配	技术标准与大型体育场馆信息化监管系统建设试点项目配置一致；设备应符合相关国家质量标准
	客流量监测系统	必配	
	电量采集系统	选配	
	运营状态显示客户端	必配	

表4-3-2 智慧社区健身中心智能健身及配套设备和系统建设标准

序号	类别	配置	必配／选配	有关要求
1	体质检测器材	可通过人脸识别、运动手环、扫码等方式对使用者进行人机识别与绑定；可开展身高、体重等检测，提供体质测定报告；具有综合运动能力测定系统；具备开放接口，可将用户运动健身过程和效果数据以系统对接的方式上报有关信息监管平台	必配	设备应符合相关国家质量标准

续表

序号	类别	配置	必配/选配	有关要求
2	科学健身指导与效果评价系统	可提供科学健身指导方案；可提供健身效果评估	必配	设备应符合相关国家质量标准
3	物联网有氧训练器材	具有身份标识和识别功能；具有运动数据自动采集并传送到数据中心的功能	必配	设备应符合相关国家质量标准
4	物联网力量训练器材	具有身份标识和识别功能；具有运动数据自动采集并传送到数据中心的功能	必配	设备应符合相关国家质量标准
5	可穿戴运动设备	具有运动或兼有生理数据自动采集功能；可支持开启门禁/设备功能	选配	设备应符合相关国家质量标准
6	远程指导健身室	可通过二维码、手环进行身份识别开启门禁；通过增强现实/直播等技术，实现视频教练指导；具备数据通信功能	选配	设备应符合相关国家质量标准

2.智慧社区健身中心发展路径

（1）树立生态理念

在推进社区健身中心发展的过程中，不仅要保持社区健身中心与生态系统的适应性，还要考虑生态环境的平衡。因为社区健身中心是仿生态组织，其发展中同样具有生态环境系统，要对生态环境系统的承受力进行考虑，健身中心的发展不能是孤立的。换句话说，推进智慧社区健身中心的发展，要树立起生态发展理念，政府、市场、社区与智慧社区健身中心之间的互动要保持下去，并且使其平衡发展，要多方共同努力，使社区健身中心的生态适应性得到提升，将良好的生态环境营造起来，使其维持生态系统平衡。

首先，针对智慧社区健身中心，政府部门要树立生态发展观，在推进其建设的过程中，既要立足当下，又要放眼未来，不仅要积极创造社区健身中心成立的条件，体现社会主义制度关注民生需求的优越性，还要注重营造社区健身中心生态环境，维持其生态系统平衡。其次，智慧社区健身中心管理者也要树立生态发展观，创造有利于社区健身中心生存的环境，维持其生态环境平衡，对环境的变化要积极主动地应对，使社区健身中心的生态生存能力得以提高。同时，要注意采取双重手段，也就是行政与市场结合，保持与政府和社区的良性互动关系，体育服务要便捷、低廉、多样，使得居民产生兴趣，愿意成为志愿者，为后续的发展积蓄资源。最后，居民也要树立社区健身中心生态发展观，社区要加大宣传和教育力度，使广大居民明白，他们也是社区健身中心生态链中的重要环节，不但要享受体育服务，更重要的是将社区健身中心作为社区建设的一部分，对其发展关心、关注和支持，使智慧社区健身中心生态链维持稳定。

（2）加强自身定位

居民的健身消费意识是不断发展的，人们对于新时代健身场馆有了更精细化的需求，市场会逐渐淘汰掉那些定位模糊的健身场馆，所以健身中心对于自身的定位深刻地影响着其后续的发展。社区体育健身中心应快速定位自身发展目标，对社区体育资源进行整合，构建有效的模式。社区健身中心在对自身进行定位时，要紧贴社区居民的体育需求，因为其面对的就是周边社区居民，要引进社会大众喜欢的项目和团体项目，提升社区体育活动效果，扩大服务规模，摆脱个人运动的枯燥感。还要多开展优惠活动，通过多种途径加强中心品牌建设，如办卡优惠活动、免费体验健身、会员日活动、科学讲座等，对自身功能定位进行强化，提高社会服务水平，积极创新百姓活动平台，对各项资源进行完善，做好自己的品牌，形成自己的优势和特色。

同时，社区健身中心作为体育组织，不能只看自身，还要主动承担社区体育的治理。应对自身的社会担当有充分的认识，对于群众的体育需求积极回应，使自身具有充分的自主性，提升公共体育服务能力；要能够感知和预判社会体育需求，充分把握群众体育活动的需求，对国家体育改革发展趋势有着基本的预见。

（3）完善服务管理体系

智慧社区健身中心要不断提高健身服务质量。完善的服务管理体系能对智慧社区健身中心进行系统化、制度化和规范化管理，有利于增强全体员工的服务意识，实现人性化管理，使其更富有创造力，同时有利于落实以"会员为中心"的经营理念，对会员需求机制进行识别和满足。

健身中心只有服务体系成熟、管理理念科学、管理人员专业，才能在市场中屹立不倒，经营得长久稳定。因此，社区健身中心应明确服务与管理的各个过程和要求，使健身中心服务流程得到优化，并加强对健身中心内部的管理，使健身中心服务行为更加规范。同时，要完善各项规章制度，健全健身中心投诉管理系统，使所有事情都可以有据可查、有章可依。要权责清晰，将服务标准和补偿范围进行规范。明确各级职工责任，为会员持续提供个性化服务。建立符合自身特点的服务、管理制度体系，使整个健身服务行业标准的发展进程得以加快推进。

（4）创新符合会员消费的健身服务项目

健身市场发展得越来越大，但同时面临同质化的问题，在不同的健身中心，项目一样、服务类似的情况并不少见。健身中心的会员会因为其没有自身特色而流失。因此，社区健身中心除了要保障公益性，还要改善服务，积极地进行需求调研、项目调整，针对不同层次消费者的消费需求，结合智能化设备和高科技系统，创新个性化项目，使其与会员消费额度相匹配，实行差别化特色经营。同时，要对本土资源进行深度挖掘，使其市场竞争力得到增强。通过构建健身服务体系，使其足够多元化并具有智慧特色，努力开发新颖的运动项目，引进具有智慧、时尚特征的健身项目，提高客户接待总量，这不仅可以保留老会员，还能通过特色新鲜的服务项目吸引更多的会员。此外，由于健身人群有着不同的年龄、性别和职业，因此社区健身中心无法面面俱到。社区健身中心可以进行分时分区的服务，依据自己所在区域健身人群的不同特征，实行不同的服务模式。例如，晚上喜欢健身的以年轻人居多，可以在晚上设置年轻人喜爱的活动课程；白天以中老年人居多，可以多设置些老年人如何安全锻炼的讲座、活动等。

（二）智慧体育场馆

目前，智慧体育场馆发展在我国尚处于初级阶段，综合我国场馆技术推演视角，国内体育场馆发展历程可总结为以下四个阶段：

第一个阶段是起步期（1949—1985年），从中华人民共和国成立到1985年北京亚运会前夕，该阶段场馆工艺设计主要体现竞赛特征，设计内涵集合看台与赛场功能，主要关注"场地布置与构造"。

第二个阶段是发展期（1986—2000年），以1990年亚运会场馆为代表，在设计理念和建设要求上逐渐与国际接轨，智能化应用主要包含楼宇自控系统、安全防范系统、综合布线系统、显示屏、场地扩声系统和计时记分系统等。亚运会后，许多场馆采用大量新技术、新材料和新工艺。

第三个阶段是飞跃期（2001—2013年），以2008年北京奥运会场馆群为代表，场馆硬件设施已达到世界先进水平，融入与竞赛关系紧密的设备管理系统、信息设施系统、专用设施系统和信息应用系统等。同时，为规范和提高体育建筑智能化系统工程质量，国家出台《体育建筑智能化系统工程技术规程JGJ/T179—2009》，此时国内场馆智能化技术、产品、系统日渐成熟，市场中也出现了专门的解决方案。

第四个阶段是质变期（2014年至今），国务院发布《关于加快发展体育产业促进体育消费的若干意见》（简称46号文件）和《关于积极推进"互联网+"行动的指导意见》，鼓励场馆利用物联网、云计算、大数据、5G等新技术，满足运营节能、省人、增效的管理创新需求，创设消费者体验场景，最大限度地实现场馆经济、文化、生态效益，实现体育产业可持续发展。

二、智慧社区体育服务平台及产品

（一）珠海市城市社区智慧体育服务体系

2020年7月，住建部发布的《智慧社区建设规范（征求意见稿）》，对智慧社区系统的建设，包括基础设施、综合服务平台、社区应用、社区治理与公共服务、安全与运维保障等方面提出了相应的规范和要求。2021年9月，《珠海市新型智慧城市"十四五"规划》提出，到2025年，珠海市将成为全国领先的新型智慧城市标杆。在构建珠海市社区智慧体育服务系统中引入管理学中的PDCA理论来建立系统架构，其建设思路是以物联网、互联网、云计算、大数据等现代信息技术为依托，利用智慧服务系统对社区体育的信息、资源、管理进行汇总和整合，从而形成智慧化的社区体育服务体系。社区智慧体育服务系统建设有两个核心要素：一是在技术层面，实现现代信息技术与体育信息与资源的有机嵌入；二是在管理层面，实现现代信息技术与多部门管理主体的协同管理，以居民体育需求为导向，通过公开、开放的智慧体育系统服务机制，向广大社区居民提供各类体育信息和体育服务，以提高社区体育服务质量和效率。

1. 系统构建

在现代社会，物联网、互联网、云计算和大数据等信息技术的快速发展为构建智慧体育服务网络平台（图4-3-1）提供了重要的技术支持。该平台整合了社区内部的体育资源和外部的社会资本，建立了一种线上与线下相结合的"O2O"模式。在智慧体育服务网络平台的线上终端，用户可以通过手机移动端或PC端进行四个基本操作，包括管理个人信息、浏览赛事活动、进行健身预约、进行支付。在用户信息平台方面，通过实名制管理，收集健身者的基本背景资料，包括性别、年龄、家庭住址、健康状态等，这些信息可以帮助平台提供更精准的服务和个性化的建议。赛事活动平台主要发布体育培训、活动赛事、体育资讯等相关信息，为用户提供一个灵活、实时的信息渠道。用户可以了解最新的体育赛事和培训活动，选择感兴趣的项目，与其他爱好者进行交流和互动。在健身预约平台方面，用户根据自身需求和偏好，选择适合自己的运动项目、场馆地点和教练。同时，用户可以为家人、邻居、同事或其他健身者进行预约，共同参与运动，增加社交互动。支付平台提供多种支付方式，如银联、网上银行、支付宝、微信等，用户可以选择适合自己的支付方式进行支付。支付成功后，用户凭借订单凭证享受线下体育场馆服务。线下服务实体终端是指配有完善的软件和硬件及配套基本服务设施的、私营的体育健身俱乐部或社区公共体育健身场馆。通常情况下，这些场所配备体育培训服务、教练员、体育用品、洗浴设施、餐饮等，用户只需凭借订单凭证即可进入场馆，尽情享受各种体育项目和服务。

智慧体育服务网络平台具有以下四个优点：其一，智慧体育服务网络平台实现了体育信息的公开化。通过平台，用户可以获取各种体育相关信息，包括场馆开放时间、场地预订情况、教练资质和培训课程等。这样的信息公开化使用户能够更加方便地获取所需信息，提高了信息的透明度和可获取性。其二，智慧体育服务网络平台实现了体育服务的智能化。通过技术手段（如人工智能和大数据分析），平台可以提供个性化的健身指导和服务。用户可以根据自身需求和健康状况得到量身定制的训练方案和营养建议。这种智能化的服务可以更好地满足用户的个性化需求，提高健身效果和用户体验。其三，智慧体育服务网络平台实现了活动管理的有序化。通过平台，用户可以方便地查看和参与各类体育活动，如比赛、训练营、健身课程等。平台具有活动报名、签到、排名和评价等功能，使得活动管理更加高效和规范。这样的有序化管理有助于提高活动的质量和参与者的满意度。其四，智慧体育服务网络平台实现了体育锻炼的便捷化。用户可以通过平台预订场地、租借器材，或者在线上参与虚拟健身课程。这样，用户可以更加方便地进行体育锻炼，不受时间和空间限制。用户可以根据自己的时间安排和偏好自由选择合适的健身方式，并随时随地进行锻炼。总的来说，智慧体育服务网络平台通过数字赋能，提高了社区智慧服务水平，推动了公共体育服务的提质增效。体育信息公开化、体育服务智能化、活动管理有序化和体育锻炼便捷化等优点使用户能够更好地享受体育服务，提高健康水平和生活质量。

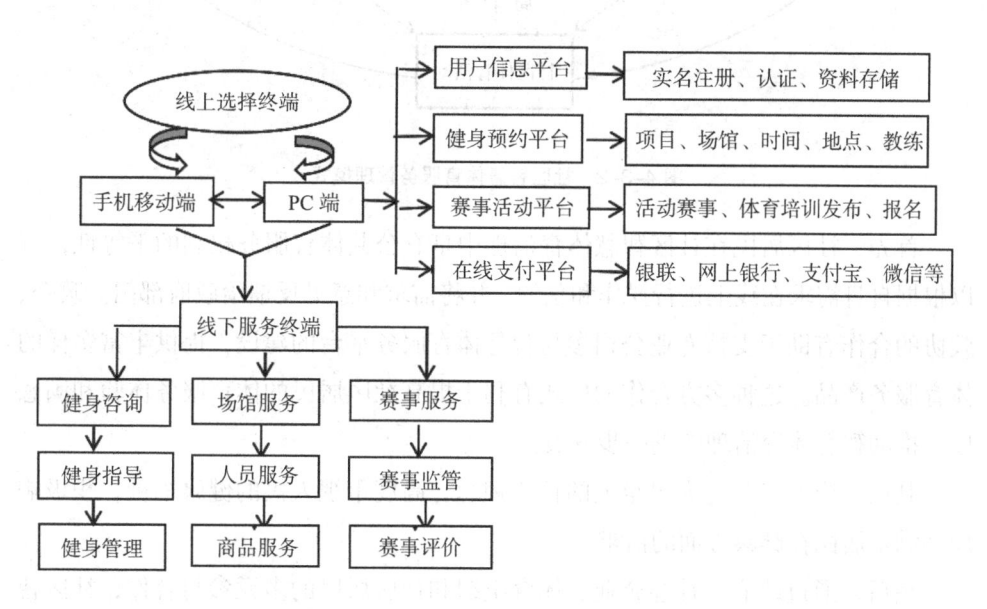

图 4-3-1　社区智慧体育服务网络平台

2. 运营管理模式

智慧体育管理是一种创新模式。通过现代信息技术的有机融合，社区可以实现体育资源的整合和智慧化、数据化发展，为居民提供更便捷、高效、个性化的体育服务，推动社区居民的健康提升和全民健身事业的发展。社区智慧体育服务管理模式如图 4-3-2 所示：

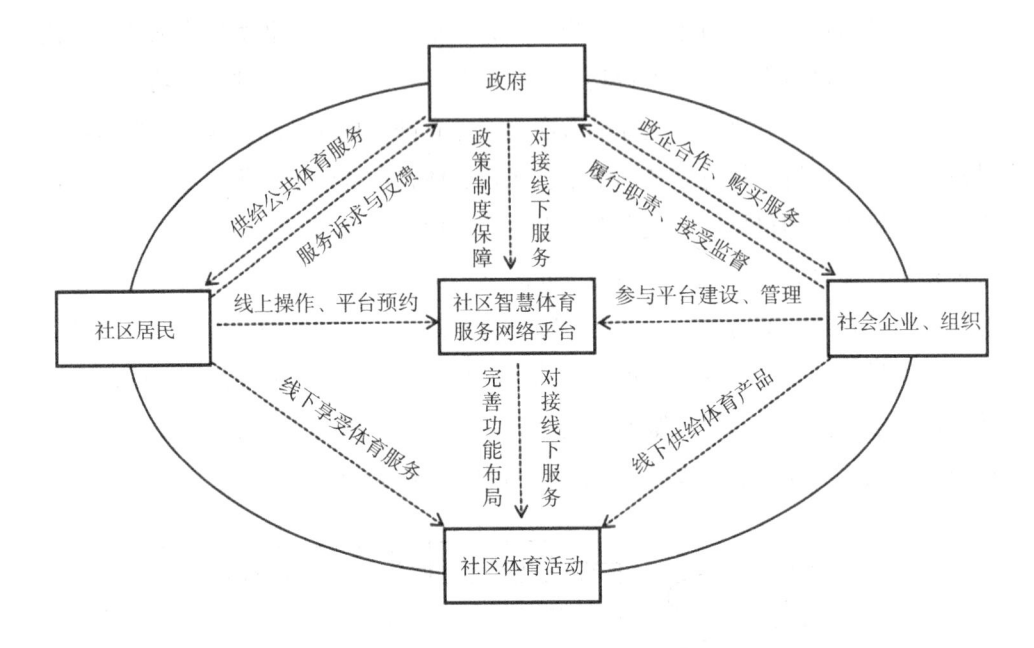

图 4-3-2　社区智慧体育服务管理模式

首先，社区居民在社区智慧体育治理中享有公共体育服务权利的平等性，可以根据自身需求在线上进行操作和预约，并将需求和意见反馈给政府部门。政企、政协的合作有助于支持专业公司参与智慧体育服务平台的建设，提供丰富多样的体育服务产品。这种多方合作的模式有利于提高社区居民的体育服务体验和满意度，推动智慧体育治理的进一步发展。

其次，应始终坚持人民至上的核心理念，高度重视人民的健康福祉，积极响应并满足居民在健康方面的需求。

最后，通过政府、社会企业、体育组织和社区居民的多元参与合作，社区智慧体育治理实现了治理主体的多样化和资源的整合，形成了共同推动的治理格局。政府的政策与资金支持、社会企业的技术支撑、体育组织的专业服务以及社区居民的参与反馈相互结合，为社区居民提供了综合、高质量的体育服务。这种多元参与共同治理的格局有助于推动社区智慧体育治理的发展，提高居民的健康水平和生活质量。

(二)上海全民健身智慧服务平台

1. 建设目标

上海全民健身智慧服务平台的建设,旨在构建一个覆盖全市的智慧体育服务平台,以满足市民对公共体育服务的需求。通过数据整合和智能调度,该平台将提供更加便捷、高效、优质的公共体育服务,提高全民健身和全民健康的水平。政府将与各相关方合作,共同推动智慧体育服务平台的建设,为市民提供更好的体育服务体验。

2. 总体架构

上海全民健身智慧服务平台的应用架构,旨在打造一个完备的体育服务平台,其应用架构包括四个主要层级:基础设施层、数据资源层、应用支撑层和门户层。平台通过各层级的协调和支持,提供便捷、高效、安全、精准的公共体育服务。基础设施层是指在一个系统或平台中,为其提供运行环境和支持的基础设施。在上海全民健身智慧服务平台中,基础设施层是构建平台网络环境和运行环境的基础。基础设施层包括多个硬件设备和技术组件,以支撑平台的安全性、网络联通性、服务运行和数据存储等方面的需求。数据资源层是指在一个系统或平台中,用于存储和管理所需数据资源的一层结构。在上海全民健身智慧服务平台中,数据资源层用于存储平台所需的体育相关数据,如与体育相关的基础数据、特定体育运动或活动的数据资源、平台提供的各项体育服务数据等。应用支撑层是指在一个系统或平台中,为应用系统提供支持和服务的一层结构。在上海全民健身智慧服务平台中,应用支撑层起到整合数据资源和应用系统的作用。门户层是指一个系统或平台提供给用户的入口和界面层。在上海全民健身智慧服务平台中,门户层是指上海公共体育服务平台的门户入口,包括网站门户、移动设备门户、电视门户等形式。门户层主要用于向用户提供访问和使用平台服务的界面和功能,以便用户方便地获取所需的信息和享受相应的服务,它发挥着平台与用户之间的桥梁作用,可以为用户提供友好的交互体验。

上海全民健身智慧服务平台建成后,将为市民提供丰富的公共体育服务和信息,方便市民参与健身活动,获得科学指导,同时促进市民之间的社交互动和活动组织。此外,平台还通过数据分析为政府部门提供辅助决策的重要参考依据。

第四节　中国智慧社区体育服务的规范标准及典型案例

一、智慧社区体育服务的规范标准

（一）智能化的服务内容

智慧社区体育服务平台通过提供方便的平台登录和各种智慧体育服务功能，帮助社区居民实现在线查询、预订、参与和学习体育健身活动。通过大数据分析和个性化定制，平台提供科学的体质监测、健身指导、社区场馆预约和智慧体育咨询服务（服务价格、服务标准、服务导流等）。全民健身公共服务平台有效解决了一系列体育社会问题，如健身时段、健身地点、健身方法、健身效果评价等，真正做到便民、惠民、为民，有效推动社区公共体育服务均等化建设。同时，使社区居民更加健康有活力，促进社会和谐和社区凝聚力的增强。这对于构建健康、和谐和可持续发展的社会具有重要的现实意义。

（二）便捷化的服务形式

智慧社区体育服务以满足社区居民的多样化需求为目标，提供了三种形式的服务：线上服务、线下服务和线上线下结合型服务。

线上服务提供了智慧体育质量评估服务、智慧体育赛事服务、智慧体育教育服务、智慧全民健身服务、智慧体育咨询服务、智慧体育场馆服务。通过线上平台，社区居民可以方便地查询和预约体育场馆，进行约伴服务和了解体育通识、科普知识。同时，可以通过线上参与赛事预约、赛事欣赏等活动，了解并参与社区举办的体育赛事。此外，居民还可以通过线上咨询服务了解服务价格、标准和导流等相关信息。线下服务主要包括智慧全民健身服务、智慧体育质量评估服务和智慧体育教育服务。通过线下的体育达标辅导、技能培训等教育服务，社区居民能够提高自身的体育水平。智慧体育质量评估服务帮助社区居民提供服务投诉和反馈，以持续提高服务质量。智慧全民健身服务包括体育医疗指导和健身指导，为居民提供科学合理的健身辅助信息。线上线下结合型服务将线上和线下的优势结合起来，提供体育质量评估服务、体育咨询服务、体育教育服务、体育赛事服务、全民健身服务等。通过结合线上线下的资源和平台，社区居民可以更全面地参与体育知识科普、技能培训，同时可以得到健身和医学指导。此外，居民还可以通过线上参与赛事预约等活动，并对服务质量进行投诉和评估。

这些智慧社区体育服务形式不仅满足了社区居民的体育需求，也推动了社区居民的全面健康发展，促进社区整体体育文化建设。

（三）协同化的服务机制

在社区社会治安和公共卫生健康不受到影响的前提下，在建设与发展智慧社区体育服务时，可以对现阶段政府单一化的供给模式进行改革，鼓励多元化社会力量参与进来，积极构建以政府为主导、以社区群众体育文化生活需要为导向的新局面。社区公共服务平台本身就具有优势，在此基础上，以市民卡分区（社区）为信息采集媒介，将以政府为主导，以私人机构和社会团体等为补充的供给主体，以社区公共体育服务为最主要的平台，以社区内所属体育局系统的体育场馆、社区开放性公园空地、社会租赁性健身场所和教育系统学校体育场馆为主要健身场所来组织进行。

（四）高效化的服务政策

构建智慧社区体育服务是个系统工程，需要以社区为单位对全方位全民健身体育资源进行统筹和募集，争取多渠道、多形式的场馆经费募集，如通过省市体育彩票基金无偿划拨、社会团体捐赠、企业个人无偿援助等，使服务政策落到实处，如此一来，社区公共体育服务会更加均等化，社区体育供求矛盾也能得到缓解，社区广大居民日益增长的体育需求和美化生活向往也得到了满足。要将社区体育公共服务政策法规体系建立起来，并使之逐渐健全，社区居民参与健身活动要制度化推进，政策法规执行、监督要更有力度，才能使社区公共体育服务可持续健康发展。

（五）数字化的服务监管

智慧社区体育服务要构建多主体多层次的监管主体体系，不但能够使行政系统外部组织的监督地位得到强化，还能使行政系统内部机关的监管功能得到提升，通过数字化监管手段，能使公民和社会舆论的监督作用得到充分发挥。用数字化手段建立声誉信息评价机制和民意反馈机制，为居民创造舆论发声渠道，对社区公共体育服务满意度进行广泛的调查，公共体育服务信息要更加公开透明。相关监管报告要定期发布，对社区公共体育服务质量、价格等进行严格监管，监管过程中尽量减少信息不对称的问题，使监管更加透明，提升监管机构的政策影响力，社区公共体育服务监管手段的效力要提高。推进社区公共体育服务形成宏观监测体系和预警体系，规划目标设计—运行监测—预警分析—绩效评价，使社区公共体育服务质量得到有效保障。

二、上海市徐汇区智慧体育服务实践

（一）关注不同群体的实际需求

上海徐汇区为老城区，居民结构复杂，满足不同公众的需求，这是一项具有挑战性的任务。针对徐汇区的实际情况，体育管理部门根据不同人群的需求制定相应的计划和策略，通过综合考虑社区居民的健康程度和年龄设定智慧体育服务。在实际的工作中，既考虑作为核心人群的中青年群体，又考虑有特殊需求的老年群体和青少年群体，同时对残障人士进行重点关注。因此，在社区体育服务供给时，很多社区体育服务中心都设置了四个基本区域。

一是老年人区域。这一区域重点关注的是老年人的实际体育服务需求，设施建设和器材添置都是根据老年人的身心特点进行安排。在实际的调研中发现，当前在社区为老年人准备的服务设施中，主要是健康促进与预防设施，其中的锻炼器材包括心肺功能锻炼、等速肌力训练器等。老年人可以通过社区智慧体育服务系统学习老年健康知识、与专家沟通交流等。

二是青少年区域。青少年区域的体育设施和器材主要是根据青少年的身心特点设置，重点包括篮球场、足球场、网球场等，通过社区智慧体育服务系统，青少年可以自由进入"全息运动教室"，在"全息运动教室"中，青少年不仅可以看到体育运动员的动作模式，还可以通过智能交互寻找出最适合自己的运动项目，从而提高了青少年锻炼的积极性。

三是中青年区域。在中青年区域，重点强调的是随时性，因为考虑到中青年是社会发展的骨干力量，他们在各自的单位工作繁忙，同时要担当照顾家庭的重任,能够自由利用的时间非常有限,所以如何保证中青年在闲暇时间能够享受到体育服务就显得尤为重要。通过社区智慧体育服务系统,中青年既可以在自己的区域进行练习,也可以在老年区域和青少年区域空闲时进行练习。

四是残障人士区域。徐汇区体育管理部门提出"让更多的残障人士走出家门,成为社区体育与社区康复的受益者,享受精准康复服务,更多地参与到社会中来",所以在智慧体育服务系统构建时特别重视残障人士的需求:一方面,保证通过智慧体育服务系统,残障人士可以进入社区任何区域享受体育服务;另一方面,又建设了专门的残障人士锻炼区域,购买了大量的残障人士智能体育器材,有效地保障了残障人士的体育权益。

(二)不断完善社区智慧体育服务系统

在徐汇区社区智慧体育服务中,主要是以大数据、人工智能为依托,表现在以下三个方面:一是不断强化智慧管理,提升场馆运营能力。针对徐汇区社区体育场馆大都比较老旧的问题,徐汇区政府进行了智能改造,用门禁系统替代了传统的保安值班,利用声控系统控制部分电用设备,利用大数据对场馆公众流量进行监控,不仅提高了管理效率,也给社区公众带来了极大的便利。二是以智慧技能指导为重点,提高服务质量。徐汇区在社区体育指导中改变了传统的人对人模式,而是通过社区平台对公众进行偏好分析,灵活安排服务时间、服务方式和服务内容,这在一定程度上提高了社区体育服务质量,尤其在全息运动教室,既可以对青少年的锻炼过程进行记录、反馈,也可以对具体的技能学习提供可视化训练,然后通过数据模型对学习、锻炼效果进行评价。三是不断推进数据库建设。徐汇区社区居民数据库建设的主要依托是智能管理系统和物联网健身系统。通过这两个系统,公众可以将自身的锻炼数据、健康数据及时上传,其他公众则可以通过平台看到社区体育设施的利用情况,从而灵活安排自己的健身计划。部分合作商户则可以针对公众的锻炼偏好、健康特点,结合数据库的应用,为公众提供有针对性的健康促进建议与健身指导。这样的互联互动有助于增强健康意识,改善个人健康状况,并促进社区和企业的发展,既能最大限度地满足公众的需求,为企业带来商机,又能为社区体育管理提供直接帮助。

（三）借助智慧服务平台，推进文体结合、体教结合

徐汇区在推进智慧体育服务的过程中，不是单纯地强调体育服务，同时还重视通过智慧服务平台推进文体结合、体教结合等。例如，康健社区在推进智慧体育服务的过程中，特别重视体育文化和体育教育的发展。鸿康体育文化收藏馆本是由社区居民陈鸿康个人投资兴建，其实物不仅包括著名运动员签名、传统武术练习器械，还包括很多珍贵的历史书籍，原来仅通过日常开放为社区居民提供服务，由于容纳量有限，产生的社会效应并不明显。在接入社区智慧体育服务平台后，康健社区在数据库中对2万余件体育藏品进行了收录，使公众足不出户就能看到这些珍贵的文物，可以使人们在一定程度上了解世界部分国家和地区以及中国部分体育项目的发展脉络，使公众在了解优秀传统体育文化的同时，受到心灵上的感染和教育。

（四）坚持公益性运营，强调资源利用效率

徐汇区位于经济发达的城市，其市场机制相对比较完善，在社区智慧体育的发展过程中，较为重视借助社会的力量，但在具体的运营过程中，无论是政府、体育管理部门还是社区，都没有简单地把社区智慧体育服务推向市场，而是通过多元合作，不断强化其公益性质，为全体社区居民服务。在实际调研中我们发现，康健社区、三元社区等虽然把具体的运营交给社会力量，但政府和社区的监管极为严格，尤其是对于收费有明确的限制。另外，由于当前体育服务资源有限，徐汇区在智慧体育服务发展中还非常重视合理利用资源，通过对不同时段、不同人群实施差异化的收费标准，可以更好地满足社区居民的需求，并提高资源利用效率。

（五）案例分析：徐汇区首家智慧社区健身中心

徐汇区智慧社区健身中心的前身是康健社区体育场，该体育场2004年建成向公众开放，历经多年运营，出现了设施老化等问题。徐汇区体育局与康健街道在上海市体育局和徐汇区人民政府的支持下，从2018年年底开始对原有体育场馆进行改造，逐渐形成了"社区体育＋社区健康＋社区养老＋社区康复"的社区健身中心，健身中心在健身过程中突出创新服务模式、构建智慧生态、覆盖全体

公众、强化健康促进，逐渐形成了具有智慧特色的社区健身中心。

从空间结构看，徐汇区社区健身中心在设计之初就考虑了智慧体育服务需求，既考虑了场地器材的普适性，也为老年人、儿童、残障人士等特殊人群预留了空间，方便未来的智慧化管理。在中心一楼"乐活空间"为老年人专门设计了体育康复、健康促进等体育器材，老年人可以在这里进行心肺功能训练、肌力提升练习、微循环促进等。在具体的练习中，这些专门性的器材与计算机相连，可以对老年人的健康状况、练习程度等情况进行及时评估，既能够提高老年人的健身热情，也能在一定程度上做好老年人的健康监测。在体质测试中，老年人可以通过自助方式选择需要的项目，测试数据会汇集在云端，老年人可以通过关注微信公众号、下载App等方式查看自己的体质数据，既能够保证隐私的安全，又能够根据体质测试情况选择适合自己的运动方法。同时，健身中心为不同人群提供了个性化服务，如为女性群体安排体操教师、为青少年提供球类运动服务等。

为了突出智慧性，健身中心专门为全体社区公众设计了"全息运动教室"。全息运动教室为公众提供了优良的教学环境，利用电子设备和虚拟技术，帮助公众查阅运动员示范或相关技能的动作要领资料，并提供实时反馈和指导。这样的教学方式能够大幅提升公众运动技能的学习效果，为公众的学习提供重要帮助。2019年6月，中心为了提升青少年业余训练热情，增添了数据模型分析软件，青少年可以把自己的技术动作进行录像，然后导入数据模型分析软件，软件可以给出具体的分值，概括出存在的问题，在一定程度上提高了青少年参与业余训练的兴趣和热情。

徐汇区社区健身服务中心在管理中也体现出明显的智慧元素，这些智慧元素的应用不仅提高了管理质量和效率，也节约了管理成本。另外，健身中心通过大数据系统统计社区公众的锻炼时间分布、群体需求偏好等，及时调整中心的服务时间、服务方式和服务内容，从而不断提高健身中心的服务质量。

引入智慧体育职能后，人们可根据不同社区体育设施的利用情况，合理调整体育设施类型配置，不断改善体育服务，同时利用互联网技术，实现体育设施共享化、体育指导互联化，让体育指导线上和线下同时进行，让合作区内居民随时随地都能进行科学运动，满足居民对体育的需求。

整体来看，徐汇区健身中心智慧体育服务的引入，使得社区居民准确掌握周边体育健身资源的分布及使用情况，这对于提升居民的参与热情起到促进作用。智能化健身器械在健身知识普及、运动损伤预防等方面较之于传统器械具有显著优越性，同时量化的效果评估也进一步强化了健身行为；具有互联网访问功能的智能化健身器械，使得个性化运动处方制定与执行成为可能，打通了卫生健康部门与体育部门协同的通道，"体医融合"能力的提升，使得运动对于慢病防治的作用进一步凸显。

第五章　城市社区体育项目开发与管理

本章内容为城市社区体育项目开发与管理，介绍了常见城市社区体育健身项目的挖掘与开发、不同人群城市社区体育健身项目的利用与开发、城市社区体育管理。

第一节　常见城市社区体育健身项目的挖掘与开发

随着人们物质生活水平的不断提高，从事社区体育活动的人群也越来越多，在这样的形势下，深入挖掘传统的社区体育健身项目，开发新的适合社区居民健身的运动项目显得势在必行。

一、传统健身项目的挖掘与开发

传统健身项目有很多，这些项目有一个共同点，就是具有较强的健身价值。下面主要介绍一下跳绳和毽球这两个传统健身项目。

（一）跳绳

1.跳绳的基本知识

（1）场地

跳绳应在平整的空地上进行，场地大小根据跳绳游戏的人数、比赛方式而定。单人、双人跳绳场地，在比赛场上用白粉画若干个直径为2米的圆圈或边长为2米的正方形。集体长绳比赛场地，在比赛场上画宽5米、长10米的长方形场地，用白粉标出场地线，跳绳应在场地中部进行摇动。

（2）器材

跳绳可用棉纱、麻塑料、尼龙等材料制成，绳上可有木把，绳中间可接皮条、穿套管等，不能在绳上加硬质附属物。短绳和长绳长度不限，但长绳的实际使用范围不得少于4米。

2. 跳绳健身价值的挖掘

（1）促进心脏机能的完善

跳绳是一种很有效的有氧运动，对身体有多方面的好处。经常参加跳绳运动，可以增强心血管系统的功能，提高心肺耐力和促进循环系统健康。跳绳还可以增加呼吸系统的活力，通过深呼吸和大量运动，提升肺部的通气和气体交换能力。此外，跳绳对神经系统也有积极影响。它可以提高神经传导速度和反应能力，增强身体的协调性和灵敏性。跳绳时人们需要准确地控制节奏、身体姿势和跳跃力度，这对于大脑和神经系统的协同工作有很好的训练效果。跳绳还对预防和改善一些疾病具有积极的影响。它可以有效减轻肥胖问题，通过消耗大量卡路里，促进脂肪燃烧和体重控制。此外，跳绳还能增加骨密度，预防和延缓骨质疏松的发生。它还可以帮助降低血压、改善血脂水平，减少心血管疾病风险。对于女性来说，跳绳可以帮助恢复产后身材，增强腰腹部肌肉力量，提升身体的紧致度。跳绳可以帮助缓解更年期综合征的相关症状，减轻不适感，同时有助于调节情绪，缓解压力和焦虑。

（2）燃烧体内多余的脂肪

跳绳是一种高效的有氧健身运动，具有保健作用。对于人们来说，每次跳绳半小时的运动相当于慢跑90分钟。法国健身专家莫克设计的跳绳渐进计划就是一个很好的指导，可以帮助初学者逐步增加跳绳的时间和强度。渐进计划开始时，建议在原地跳绳1分钟，这可以作为初学者的起点。之后，每隔3天逐渐增加跳绳的时间，直到能够连续跳绳3分钟。接下来，经过大约3个月的训练，逐步增加跳绳的时间，目标是能够连续跳绳达到10分钟。在半年的时间里，逐渐实行"系列跳"计划。例如，每次连跳3分钟，共跳5次，直到最终可以连续跳绳半小时。

（3）提高呼吸能力

跳绳对呼吸机能的提升非常有益处，通过不间断的跳绳，肺部需要更多地供氧，所以呼吸频率会增加。同时，跳绳需要较大的运动量，促进呼吸机能的提升，预防呼吸道疾病的发生。

（4）增强神经系统的功能

跳绳需要保持高度集中注意力和神经系统的协调工作。在跳绳的过程中，需要精确地控制节奏和身体的动作，从跳几下到几十下甚至几百下都需要精密地协调和反应。这种高度的神经系统参与可以帮助身体发展和加强协调性、平衡性以及灵活性。持续进行跳绳训练，能够提高神经传导速度和反应速度，提升身体的协调性和动作的准确性。

3. 跳绳在城市社区体育中的开发与发展

跳绳是一种有益身心健康的休闲性游戏，适合各类人群参加。人们参加跳绳运动，不仅能增强体质，还能丰富精神文化生活。跳绳运动对场地及器材的要求不高，仅需要一块空地和一条跳绳就能参加。目前跳绳运动在我国众多居民小区广泛开展起来，成为社区体育中一个重要的健身项目。

4. 跳绳基本技术练习

（1）单摇跳

摇绳一回环，跳跃一次叫单摇跳。单摇跳分前摇跳和后摇跳，这是最基本、最简单的跳绳技术。

①单摇双脚跳

A. 前单摇双脚跳

双手持绳两端，绳在背后，向上、向前摇绳，摇绳时应以肘关节为轴，运用前臂与腕部力量，并与双脚跳跃动作协调配合，在绳摇到脚下时，双脚跳起越过绳并用前脚掌落地，如此连续跳跃。

B. 后单摇双脚跳

将绳放在体前，双手由前向后摇绳回环，两脚同时跳起让绳从体后向前通过。除摇绳方向相反外，其他动作同前单摇双脚跳一样。

②单摇双脚交换跳

A. 前摇双脚交换跳

将绳子由后方向前方摆动一圈，这是为了给跳跃做准备。然后，两脚交替单脚跳起，模拟原地跑步的动作。在跳起的同时将小腿屈膝上抬。两脚依次蹬地，并保持交替进行。

B. 后摇双脚交换跳

后摇双脚交换跳是通过从前向后摇绳，然后做两脚交替跳跃的练习方式。

C. 两臂体前交叉摇绳跳

在向前摇绳至体前方向下落的过程中，一种方法是两臂在体前顺势交叉摇绳，当脚跳过绳后，绳摇至头上时，两臂向左右分开，摇跳一次，这样"一摇一交叉"就是摇绳跳。另一种方法是在两臂交叉后不立即分开，在两臂前交叉的姿势中继续摇绳跳若干次，再分开跳几次之后再进行交叉。同样也可以在向后摇绳的过程中用以上方法进行两臂体前交叉摇绳跳，对于脚下的跳跃动作，既可以采用双脚跳，也可以采用单脚交换跳的方式练习。此方法常用于花样定时计数或定数计时比赛。

（2）双摇跳

双摇跳又叫两摇跳，也叫双飞跳。技术动作为，身体跳起时，加快摇绳速度，使摇绳在脚下通过两次。双摇跳又分为前双摇绳和后双摇绳两种技术。

①双摇双脚跳

前双摇双脚跳是各种双摇跳的基础技术。学习双摇跳可先做几个单摇跳，使摇绳回环有了初速度后，再突然加快摇绳，双脚同时高跳起，每跳跃一次摇绳两回环。双摇跳技术的关键在于摇绳与跳跃的配合，高速快摇有利于完成动作；初练双摇跳，可稍收腹并屈腿，有利于增加腾空时间，使跳绳能顺利通过脚下两次，掌握技术后，可以连续做双摇跳练习。后双摇跳是由前向后摇绳两回环跳，后双摇跳可将跳绳放长一些，两臂稍外展，快速摇绳使绳有打地声，这样便于控制起跳时机和节奏。

②双摇单脚跳

双摇单脚跳与双摇双脚跳的方法基本相同，只是用单脚跳起通过摇绳两回环。在掌握了双摇双脚跳以后方可做双摇单脚跳练习。

（3）带人跳绳

带人跳绳是一种常见的趣味性、娱乐性的跳绳活动。通常是一人摇绳带一人同跳，称双人跳绳。带人跳绳也可以一人带多人齐跳或轮流跳，或两人合摇一条短绳带人跳等，跳法多种多样。

①一人带一人摇跳

由一人摇绳，另一人可以从背后或体前趁机跑入跳绳，也可以趁绳摇至头顶上方时，由摇绳者的体侧跑至体前或体后，还可以原地或行进间做共同移动的跳跃。带人跳时，要求摇绳速度均匀，两人面对面距离稍近，相互密切配合、协调动作。可先做两人定位的带跳练习，熟练后被带者再做切入跳绳练习。被带者可将手扶在摇绳者的腰部，这样就容易做到同时起跳，默契配合。

②钻绳洞

甲摇绳带乙，先相对站立。甲前摇绳带乙，甲乙齐跳 3 次后，甲放慢摇绳速度并将左臂抬高些摇绳，乙弯腰从甲的左臂下快速钻跑到甲的身后，两人再齐跳 3 次。在第四次摇绳时，乙再从甲的右臂下快速钻到甲的身前，这样"三跳一钻"。有规律的双人跳绳十分活泼有趣，乙在跳绳中像钻洞一样，故称为钻绳洞。熟练后甲可以带 2～3 人做钻绳洞游戏。

练习要点：为了使乙顺利钻绳洞，甲应尽量为乙钻绳洞创造有利条件，除抬臂外，还可将绳偏向一侧摇动。乙的动作若慢，甲应慢摇绳；乙钻得快，甲摇绳也应及时加快。钻洞者要灵巧敏捷，与摇绳者要相互密切配合。

（二）毽球

1. 毽球基本知识

毽球是一项老幼皆宜的终身性休闲游戏。把一束鸡毛插在圆形的底座上，再用布条缠牢，即扎成一个惹人喜爱的毽子。毽球的踢法多种多样，可以比次数、比花样，对活动关节、加强韧带、发展灵敏和平衡素质有良好的促进作用。

毽球运动源自中国民间，有着十分悠久的历史，早在宋代，集市上就已经出现专门销售毽子的店铺，反映了当时毽球活动的流行程度。到了明清时期，毽球比赛开始逐渐正规化，成为一项体育竞技活动。

现代毽类运动起始于 20 世纪中期，涵盖花样踢毽和毽球两个分项。进入 20 世纪 80 年代，毽类运动得到空前发展。1984 年，毽球被国家体委列入正式开展的体育比赛项目。随着毽类运动的日益繁荣，毽球组织应运而生，竞赛机制也逐步建立并趋于完善。进入 20 世纪 90 年代，毽类运动被正式纳入全国少数民族运动会、全国农民运动会和全国中学生运动会等大型综合性运动会。毽球比赛在我国进行得如火如荼，2012年的全国毽球锦标赛于6月份在广东举行。同时，毽类运动也逐渐走向国际舞台，扩展到亚洲、欧洲和美洲等多个国家，并建立了国际组织和世界锦标赛制度。在2010年的第六届世界毽球锦标赛上，我国夺得男子团体、女子双人、男子单人3块金牌。

2. 毽球健身价值的挖掘

毽球是一项集羽毛球场地、排球规则、足球技术于一体的隔网相对抗的运动项目，因此毽球本身也兼具羽毛球、排球、足球等项目的特点。经常参加毽球运动，不仅能锻炼自己身体的灵活性，还能有效地提高自己的反应能力和耐力，因此在对毽球运动健身价值的研究上，要注意对这方面价值的深入挖掘。

3. 毽球健身基本技术练习

（1）准备姿势

踢毽球的准备姿势主要有平行站法和前后站法。

①平行站法

双脚平行站立，脚尖稍微向内倾斜，与身体平行，足尖之间的距离略微窄于肩宽，脚跟离地，脚尖着地，着力点在脚掌内侧，身体重心前倾，大、小腿呈100°～110°，两膝内收，膝关节稍超出脚尖，肩关节垂直面领先于膝关节。

②前后站法

两脚前后开立，左脚稍跨出一只脚的距离，右脚在后，两脚跟提起。其他动作与平行站法基本相同。

（2）起动与脚步移动

起动是移动的开始，也是移动的关键，而移动是起动的继续。起动的快慢取决于准备姿势的正确与否。在平时的训练和比赛中，必须根据来球的方向、弧度、速度和落点及时地向前后左右起动和移动，转移重心，使身体尽快接近球来的位置，并处于适当的击球位置，然后采取相应的技术动作。

（3）发球技术

发球的技术动作包括：抛球、击球、击球后随球跟进三个环节。抛球要抛准、抛稳，将球垂直抛于体前固定高度和位置，力量要适当。抛球是整个发球动作的基础，对于初学者来说，是极为重要的基础环节。击球要准确、有力，脚法固定，击球点准确。在熟练的基础上，对不稳定的抛球做适当的调整，因此它是发球的关键环节。

（4）踢球技术

用膝关节以下部位击球称为踢球，它是运动员用脚的某一部位将球击向预定目标的技术动作。常见的踢球方法有脚内侧踢球、脚外侧踢球、正脚背踢球等。

①脚内侧踢球

左脚支撑，右大腿带动小腿屈膝上摆，同时膝关节外张，小腿上摆，击球的一刹那踝关节内屈端平，用脚弓内侧把球向上踢起。

②脚外侧踢球

左脚支撑，右大腿带动小腿，膝盖内收，小腿向体外侧上摆，当小腿摆到最高点时，用脚背外侧（脚尖靠外）的一部分击球。在击球瞬间，足尖勾起，踝关节外屈，脚背外侧将球向上踢起。在踢球后，要保持平衡，将右脚放回地面。

③正脚背踢球

脚背踢球方法有脚背屈踢、脚背绷踢、脚背直踢三种，共同点是单脚支撑，用脚趾或脚趾跟部踢球。

A. 脚背屈踢

屈踝，右脚大腿带动小腿，屈膝屈踝上摆，脚背与地面平行，大腿上摆把球踢起。

B. 脚背绷踢

脚背上绷，右腿膝盖微屈，脚面微直，自然放松，当球下落到离地面10～15厘米时，脚插进球底部小腿用力，同时屈踝绷腿把球向上踢起。

C. 脚背直踢

右脚大腿带动小腿屈膝向前摆，脚背绷直，扣脚趾，击球时小腿迅速前摆。

（5）触球技术

用膝关节以上除手臂以外任何部位击球称为触球。触球的方法有腿触球、腹触球、胸触球、肩触球四种。

①腿触球

左脚作为支撑脚，站立在离球稍远的位置。右腿屈膝，右腿的大腿带动小腿上摆，以准备触球动作。当球从空中下落时，仔细观察高度，当球略低于髋部高度时，用大腿的前半部分（靠近膝部的位置）触球。

②腹触球

对准来球屈膝略向后蹲，稍含胸收腹，当腹部触球的一刹那稍微挺腹，如来球过猛，也可以挺腹，使球轻轻弹出。

③胸触球

两脚自然开立，站立在合适的位置，准备接球。当球传到胸前时，注意观察距离，在距胸10厘米左右时，做好触球准备。两臂自然微屈，放在身体两侧，紧贴胸部。两肩稍微用力向后拉，保持挺胸的姿势，同时两脚蹬地，身体挺起，用胸部触球。

④肩触球

两脚自然开立对准来球，当球传到肩前约10厘米处时，肩稍后拉前摆，用肩部击球。

二、球类项目的挖掘与开发

（一）羽毛球

1.羽毛球健身价值的挖掘

（1）强身健体

羽毛球运动不仅能锻炼人的体能，还能提高人的运动技能，羽毛球运动具有高强度和高速度的特点，能够有效地提高心肺功能，增强耐力和爆发力。人通过频繁地跑动、跳跃和快速地移动，可以消耗多余脂肪。此外，羽毛球还需要灵活的腰腿和稳定的肌肉控制，因此可以促进身体的协调性和灵敏度。羽毛球需要脑、眼、手、脚的密切协调。通过不断练习和比赛，可以提高技术技能，如击球的力度、准确性和策略性，对于锻炼大脑的反应能力和判断力非常有益。定期参与羽毛球运动，可以提升吸氧能力，增强免疫力，提升人体抵御外界病毒等侵袭的能力。

（2）培养竞争意识和进取精神

在羽毛球运动中，通过与对手的对抗和竞争，可以不断突破自己的技术极限，提高自身技术水平和战斗力。这种挑战可以增强自信心,让人相信自己有能力面对困难和挑战。同时,羽毛球运动培养了不畏困难的精神,增强了面对挑战的勇气和毅力。羽毛球运动需要付出很大的努力和坚持,通过与对手的竞争,不断努力和拼搏,可以培养顽强的拼搏精神和不放弃的态度。羽毛球运动追求技术和身体素质的不断进步,持续的训练和挑战,可以激发个人的积极进取心态,追求更高的目标和突破。

（3）提升文化素质修养

羽毛球运动是一项历史悠久的运动,了解其发展历史和文化背景,可以增加对这项运动的认同感和体验价值。遵守运动规则是参与比赛和提高技能的基础,同时是尊重和信任竞争对手与裁判员的表现。这有助于培养遵纪守法的品质,以及理解和尊重游戏的公平和秩序原则。学会尊重对手,包括认可其技术和竞技能力,不仅有助于发展公平的竞争意识,还能够建立起互相尊重和友善的关系。同时,尊重裁判员的判决和决策,有助于维护比赛的秩序和公平性。羽毛球运动要求协作、忍让、谦虚和豁达的品质,与搭档合作、战胜困难、接受失败并砥砺前行,都需要良好的协作能力和心态。同时,羽毛球运动是一个相互尊重和学习的过程,可以培养运动者谦虚和豁达的态度,拓展了人们的心胸和视野。

（4）陶冶情操,增添生活情趣

在羽毛球的世界里,人们可以展现自己的技艺和激情,也能从中获得欢乐和成就感。羽毛球是一项快节奏、高强度的运动,参与其中会激发人们的活力和激情,使人保持朝气蓬勃的精神状态。参与羽毛球运动可以锻炼人的眼力、反应和动作协调能力,体会到灵动变化之美。同时,观看羽毛球比赛能从中欣赏到运动员们技术的精湛和战术的巧妙,感受到羽毛球运动的魅力所在。

2.羽毛球健身基本技术练习

（1）发球技术

①正手发球技术

A.正手发后场高远球

正手发球是以正拍面将球击出的发球方式。正手发后场高远球是将球击出,其特点是球的飞行距离较远,高度较高。当球到达对方的端线上空后,正手发后场高远球会突然改变方向,呈垂直下落至端线附近。这种改变方向的特点能够使得对手难以准确判断球的落点,增加接球难度。

发后场高远球时,左手持球,自然弯曲置于胸前,右手持拍向右后上方摆起,身体重心前移,右脚跟提起,身体放松。左手放球使其下落,在右臂向前上方挥动的同时,右脚蹬地,腰腹向正前方转动。使下落的球与拍面在身体右侧前下方的交叉点触碰,球接触拍面的中上部。击球瞬间,握紧球拍,闪动手腕,向前上方鞭打击球,在击球的同时,手臂随击球后的惯性自然往左肩上方挥起,身体重心也由右脚移到左脚。击球后,重心下沉,微屈双膝,随时准备回击对方的来球。

正手发后场高远球时要注意,击球点应该位于右前下方,这个位置可以产生更好的角度和弧线,使球能够飞得更高、更远。击球瞬间,为使球获得更大的速度和力量,前臂需要带动手腕伸展。以快速和有力的动作击球,使球得到充分的冲击力。击球后,为控制球的方向和旋转,并使球飞行轨迹更稳定,手腕应该保持展腕状态。

B. 正手发网前球

正手发网前球是用正手握拍,以正拍面击球,击球时保持轻松的手腕和前臂;将球轻轻擦过网,让球以低弧线降落在对方前发球线附近。正手发网前球的较短飞行距离和低弧线轨迹使得对手很难作出有效反应和准确的进攻回应。

发网前球时,正手发网前球时站位稍靠前。握拍尽量放松,上臂动作要小,重心在左脚上,右脚脚跟提起。击球时,由前臂带动手腕使拍面从右向左斜切击球,控制用力,使球刚好贴网而过,落在对方前发球线附近。击球后,还原成准备姿势。

②反手发球

A. 反手发平球

反手发平球时,球拍的挥动方向与反手发网前球一致,只是在击球的瞬间抖动手腕,突然发力,拍面要有"反压"动作。

B. 反手发网前球

反手发网前球时,小臂带动手腕发力,球拍由后向前推送,拍面呈切削式击球,使球过网后急速下落至对方场区的前发球线附近。

（2）接发球技术

①前场正手接发球技术

动作开始时先用正手前场接发球步法向来球方向移动，同时前臂微屈，外旋半弧形引拍，准备接发球。结合身体向前跨步的冲力，用斜拍正面（与手心同向）与地面夹角大于 120° 的仰角拍面，向前摩擦推送击球。接发球搓网前小球的击球力量比网前搓小球要稍大一些，应控制适度的力量，击球用力过大，球不会出现旋转；击球用力过小，接发球搓球不过网。根据对方不同的发球方式，击球动作有所不同。

正手接发球勾对角小球击球动作：手腕内旋，拇指、食指转动拍柄，向网前斜对角方向发力击球。

正手接发球挑球击球动作：击球点较低，用与地面大于 90° 的拍面仰角，前臂内旋，食指、拇指收紧拍柄，展腕发力击球。

②前场反手接发球技术

接发反手前场球步法向来球方向移动，反手握拍向来球方向伸出，同时前臂微屈做内旋半弧形引拍动作，准备击球。

反手接发球搓小球击球动作：结合身体向前跨步的冲力，食指、拇指内旋捻动球拍，用球拍面与地面夹角大于 120° 的斜拍面（与手背同向）向前摩擦推送搓球。根据对方不同的发球方式，击球动作有所不同。

反手接发球勾对角小球击球动作：手腕外旋，拇指前顶，其余四指收紧拍柄向网前斜对角方向发力击球。

反手接发球挑球击球动作：击球点较低，前臂外旋，拇指前顶，用与地面大于 90° 的夹角拍面，收腕发力击球。

反手接发球推球击球动作：球拍与地面夹角近似 90°，前臂迅速外旋，拇指前顶，手腕向前方外翻拍面击球。

反手接发球扑球：击球点高于球网顶部，前臂快速外旋，用球拍面与地面小于 90° 的斜拍面，拇指前顶，向前下方拍压击球。在击球后，持拍手自然收回体前，脚步退回中心位置，还原成接球前准备姿势。

③后场接发球技术

根据来球的位置不同，接发后场球可采用正手和头顶两种姿势击球。正手和头顶接发后场球技术的动作轨迹基本相同,只是击球点位置略有不同。正手接发后场球击球点在身体右后侧或右肩上方,而头顶接发后场球击球点在身体左后侧头顶或左肩上方。

用接发后场球步法向来球方向移动,同时上臂外旋带动前臂后仰回环引拍,身体重心在右脚上,准备起跳击球。接发球回击高远(平高)球击球动作:击球点在头前上方,上臂带动前臂迅速内旋向上挥动,将力传递至手腕,手指发力,用正拍面(与手心同向)与地面稍大于 90° 的夹角(击平高球)和接近 120° 的仰角(击高远球)将球击出。根据对方不同的发球方式,击球动作有所不同。

接发球回击吊球和劈球击球动作:击球点选择比回击平高球和高远球靠前约 10 厘米,上臂带动前臂迅速内旋向上挥动,通过手腕和手指控制击球力量(劈球比吊球力量大),用球拍面(与手心同向)与地面夹角小于 90° 的斜拍面(劈球比吊球击球角度更大)切击球托右侧(头顶击球切击球托左后侧)。

接发球回击杀球击球动作:身体充分后仰呈弓形展开,击球点比回击吊球再靠前约 5 厘米的位置,上臂带动前臂迅速内旋向上挥动,最后通过手腕手指发力,用与地面近似 75° 的夹角将球击出。

接发球回击抽杀球击球动作:手臂迅速内旋后倒回环引拍,用与地面近似 90° 的夹角拍面(与手心同向)向前挥动击球。

击球后,持拍手随惯性动作向身体左前下方挥动,并迅速将拍收回体前,脚步向中心位置跟进回动,做好下次接球准备。

(3)击球技术

①搓球技术

运用快速上网步法,争取高的击球点,面对网前位置的来球,以斜拍面"搓""切"等动作击球,使球在摩擦力的作用下旋转飞行,同样落至对方的网前,这种击球技术称为搓球。

A. 正手搓球

击球前动作与正手放网前球基本相同。击球时,在球拍举至最高点时前臂稍外旋,手腕由后伸至稍内收与网前击球前期动作一致。击球时,加快挥拍速度,体现"搓切"的动作,击球的右下底部,使球翻滚过网。击球后还原成准备姿势。

B. 反手搓球

反手搓球动作与正手网前搓球大体相似，主要区别在握拍和移动方式。反手搓球采用反手握拍方式同时运用反手上网步法向来球移动。反手搓球时，可以通过在伸拍的同时前臂内旋做半弧形引拍动作来产生更好的效果。关于反手网前搓球的击球方式，可以分为两种：一种是手腕在由收拢状态向外展开的过程中发力，利用球拍的斜拍面从右侧向左切击球托的右后侧部位。另一种技巧与之相反，在手腕由展开状态向回收缩的过程中发力，同时利用球拍的左后侧面部位击打球托，实现由左至右的切击效果。

②推球

推球技术是一项位于前场的击球技术，其特点在于速度快、动作幅度小、击球点较高、发力距离短，且能够制造多样化的落点。

A. 正手推球

正手推球是使用正手握拍方式，通过推击的方法将球击出，该方法击出的球的特点是速度快且球运行轨迹弧度较平。正手推球一般击球点在网前较高的位置。

移动到位，球拍向右侧平举。推球前，前臂稍外旋，手腕后伸同时球拍稍往后摆，拍面对准来球。这时小指与无名指稍松开，使拍柄离开手掌，这样能充分发挥手指的力量。推球时，拍面尽力后仰，手腕由后伸直并且转腕，食指向前压下，小指、无名指突然握紧拍柄，球拍快速地由右经前向左挥动。推球后，在回动过程中回收球拍于胸前。

B. 反手推球

反手推球与正手推球类似，其区别在于，反手推球以反手握拍的方式来进行击球。移动至网前左侧，反手握拍，臂侧上举。推球前，臂向左胸前收引，手腕稍外展，球拍松握，拇指顶住拍柄的内侧宽面，推球时，当前臂往前伸的同时外旋，手腕由稍外展到伸直抖腕，中指、无名指、小指突然紧握球拍，拇指顶压，向前挥动将球推出，触球托的后部。击球后，身体还原至准备姿势。

③扑球

扑球是指当对方回击的球过网的弧线较高时，抢高点将球向对方场区下方扑压过去的球，也成为网前杀球，它是前场进攻直接得分的一种重要手段。

A. 正手扑球

正手扑球指对方击来的右场区网前球刚过网，高度在网沿上面时，用正手握拍法，以正拍面迅速上网挥拍扑击下压过去。

左脚先蹬地，随后右脚发力蹬跃，使身体向球网右侧腾空跃起，球拍正对来球。同时前臂前伸稍外旋，腕关节后伸，放松握拍。击球时，前臂带动手腕和手指快速抖动发力。如球离网带上沿较近，可采用手腕从右向左将球压下的"滑动"式扑球方法，避免球拍触网犯规。击球后，要控制身体重心，球拍随惯性回收至准备姿势。

B. 反手扑球

反手扑球指对方击来的左场区网前球刚过网，高度在网沿上面时，用反手握拍法，以反拍面迅速上网挥拍扑击下压过去。

迅速判断球的来向，并采取反手上网步法向来球方向移动。同时，进行右脚蹬跨步，并将拍子握于左侧前方，高举并伸向来球方向的上方。当身体向左前蹬跳跃起时，持拍手随着前臂前伸而向前上方举拍，肘稍屈，手腕外展，采用反手握拍法，拍面正对来球。身体向左前飞跃，用手腕由外展至内收"闪动"的力量向前下加速挥拍扑压击球。拍面向斜前下方击球则称为反手扑斜线球，这种击球方式会使球以斜线的路径击回，可以使对手难以预判球的落点；拍面向正前下方击球称为反手扑直线球，这种击球方式通常用于将球以直线的路径击回。击球后马上屈肘，手腕由内收到外展收拍于体前，以免触网。

④吊球

A. 正手吊球

击球准备和前期动作同正手吊球。只是击球时拍面稍向内倾斜，手腕作快速切削下压动作，击球托的后部和侧后部。若吊斜线球时，则球拍切削球托右侧并向左下方发力；若吊直线球，则拍面正对前方向下方切削。

B. 反手吊球

用反手握拍以反拍面在后场击吊球为反手击网前吊球。反手吊球准备动作同反手击高球，只是击球时，握拍拍面的掌握和力量的运用有所区别。吊直线球时，用球拍反面切削球托的后中部将球击出，落点在对方右场区前发球线附近；吊斜线球时，用球拍反面切削球托的左侧部将球击出，落点在对方左场区前发球线附近。

C. 头顶吊球

用正手握拍在左后场区头顶上方以正拍面向对方网前区域击吊球为后场头顶吊球。同正手吊球一样，头顶也可击直线、斜线吊球。头顶吊球准备动作与击头顶高球相同。只是击球时，击球点要稍靠前些，头顶吊直线球时，击球的瞬间前臂突然往前下方挥拍，球拍击球托的正中部位，使球朝直线方向飞行过网后即下落。头顶吊斜线球时，在击球瞬间前臂突然反腕往前下方挥拍，以斜拍面击球托左侧部位，使球向对角方向飞行过网后即下落。

⑤杀球

杀球是在后场或中场争取尽量高的击球点，并全力将球由高点向下往中后场区扣压下去的一种技术。杀球时击球力量最大、速度最快，在比赛中通常是进攻直接得分的重要手段。

依据击球点在场区的位置，可分为后场杀球技术和中场杀球技术。后场杀球技术包括后场正手杀球、头顶杀球和反手杀球三种击球方法。根据杀球力量的不同，可分为点杀和重杀。点杀是轻轻碰球，利用对手的力量和角度将球击回，使其无法继续进行有效的回击；重杀是以更大的力量和速度将球击出，使对手难以回击。根据落点与出球距离的不同，还可以将杀球分为短杀和长杀。短杀是将球打到中场附近的区域，目的是制造进攻的机会或者使对手无法有效回击。长杀是将球打到双打后发球线附近的区域，用来迫使对手向后退防守。

A. 后场正手杀球技术

准备姿势和动作要领同正手击高球，不同的是击球点的位置和最后用力的方向。首先要移动到位，侧身屈膝重心下降，准备起跳。起跳时，右肩上提，球拍上举。起跳后，右上臂经右后上摆，身体后仰成反弓形在空中收腹用力，前臂全速往前挥动，手腕充分后伸。击球时，前臂内旋，手腕快速闪动发力杀球。击球后，迅速回收球拍向中心位置移动。

B. 反手扣杀球

反手扣杀球的准备动作与反手击高球相同，只是击球点较高远球靠前，力量较高远球大，击球时拍面的仰角较高远球小。大力挥拍，跳起后身体由反弓状态转为前弓状态，利用手臂、手腕的延伸和外展增加力量。击球瞬间球拍与扣杀球方向的水平夹角应小于90°。为了获得最大的击球力量，击球要靠左脚的蹬力和腰腹力、肩力以及上臂带动前臂由外旋至内旋快速闪动，屈指发力用反拍的正拍面击球托的后部。带动前臂快速闪动，用反拍的正拍面击球托的后部。击球瞬间拍面向正前下方压为反手杀直球，击球拍面向斜前下方压则是反手杀斜线球。如果要杀斜线球，在击球瞬间拍面向斜前下方压，如果要杀直球，则在击球瞬间拍面向正前下方压。

C. 后场头顶杀球技术

在左后场区用正手握拍，以正拍面在头顶上方击杀球为后场头顶杀球。后场头顶杀球技术的准备姿势、引拍动作及击球后的动作要领都与后场头顶击高远球技术相同，但是击球动作与后场正手杀球技术动作要领基本相同，不同的是，击球点偏在头顶前上方。击球时，如果是以正拍面向正前下方发力击球托中后部，为头顶杀直线球；击球时，如果是以手臂带动手腕内旋，手指内转动球拍，用正拍面向右斜前下方击球托的稍左侧面后部，为头顶杀斜线球。击球时拍面是正面击球，而不带任何切击动作，若用斜拍面击球，拍面与球摩擦，将会抵消击球的力量。

D. 腾空突击杀球

当对手击出弧度较低的平高球时，侧身右脚后退一步准备起跳。起跳后，身体向右后方腾起，上身右后仰或成反弓形，右臂上抬，肩尽量后拉。击球时，前臂全速往上摆起，手腕从后伸经前臂内旋至屈收，同时握紧球拍压腕产生爆发力，高速向前下击球。突击扣杀后，右脚在右侧着地屈膝缓冲，重心在右脚前；右脚在左侧前着地，利用左脚蹬地向中心位置回动，手臂随惯性自然往体前回收。

（二）台球

1. 台球健身价值的挖掘

台球是一项"绅士"运动，经常参加台球运动，能有效地锻炼人的耐力、毅力以及注意力等能力，这些能力与人们的日常生活、学习和工作都密切相关，对人们的发展有着重要的作用。

2. 台球健身基本技术练习

（1）身体姿势

身体要面向所击的主球与目标球。以右手持杆为例，既可站成八字步，也可站成丁字步，侧身向球台，左脚稍靠前，右脚稍后，两脚之间自然成50°～80°的夹角。身体要正面面向球台，击球时弯腰向前俯身，全身的重量要压在脚上，而不能压在手上，这样会影响击球。击球时要全身放松，只在击球一瞬间才用力，两脚之间的距离与肩同宽。

（2）握杆

拇指和食指在虎口处用轻力握住球杆，其余3个手指要虚握。具体来说，就是在杆尾的1/4～1/3处，伸直左手或右手的食指，将球杆摆在食指上，然后慢慢调整球杆的位置，能使球杆平衡的那一点即是球杆的重心位置。握杆的位置一般是离重心向杆尾一端的6～10厘米处。

（3）瞄准

瞄准是台球基本功中最重要的一环，它是每一位台球训练者在击球前都必须做的一项工作，包括台球中围绕使目标球落袋的一切瞄准工作。瞄准一般包括确定线路、确定击球点、确定瞄准点和撞击球四步。

最基本的瞄准方法是眼睛、主球、目标球三点成一线。当然，球杆是随着眼睛转的，因此，实际击球时，球杆、主球、目标球三点在同一直线上。

瞄准点就在进袋直线上，距目标球后一个球半径长度的点位上，看上去就像是目标球长了小尾巴，所以直接找点法又被形象地称为"看尾巴"。要想达到高超的、弹无虚发的瞄准击球水平，必须做到"角正、点准、杆直"的基本标准要求。

（4）架杆

架杆就是用手给球杆一个稳定支撑和对杆头在主球的击球点进行调节的姿势。架杆是打好台球的重要环节。架杆方法大致可以分为两种：手架和杆架。

①手架

手架是台球运动中运用最普遍的架杆方式，对击打主球部位、杆头瞄准目标球起着重要作用。手架杆比较常见的两种方法是平卧式手架杆和凤眼式手架杆。

A. 平卧式手架杆

先将整个手掌放在台面上，将拇指以外的四指分开，手背稍微弓起，拇指跷起和食指的根部相贴形成一个"V"形的夹角,球杆放在"V"形夹角内。手指弯曲及手掌向上抬起,可以调节架杆的高度。

B. 凤眼式手架杆

左手手指张开,指尖微向内弯曲,用拇指和食指扣成一个指环,并与球杆成直角,手掌和中指、无名指、小指构成稳定支撑。

②杆架

杆架主要分为三种,即长、中、短。身体适度前倾,手持球杆的尾部,拇指在下,食指、中指在上夹住球杆,无名指、小指自然弯曲,另一手将杆架放置于适当位置,将杆架整体放在台面上,用手按住以防运杆、出杆时杆架晃动。

(5)击球技术

①直线球技术

当主球的中心击球点、目标球的撞点和袋口的中心点在一条直线上,主球中心点受到球杆的撞击,并撞击目标球的中心撞击点时,目标球便会直落球袋。

②偏击球技术

由于主球撞击目标侧面的程度不同,又可分为厚球、薄球。厚球是指主球撞击目标球的撞击点在目标球球体的 1/2 以上;薄球是指主球撞击目标球的撞击点在目标球球体的 1/2 以下。

在确定击打目标球的厚薄时,其瞄准点是目标球击球点向外一个球半径处与主球中心点纵向运动方向延长线的交点。

③吻击球技术

当主球以中杆击球时,目标球与其轻吻的另一目标球的中心连线和袋口中心点成 90°角,被击目标球呈 90°角行进,而轻吻的另一球则按中心连线的延长线行进。

三、时尚流行健身项目的挖掘与开发

(一)轮滑

1. 轮滑基本知识

(1)轮滑鞋

一般来说,根据轮滑项目的不同,轮滑鞋可以分为很多种。主要有以下五种:

①跑鞋

跑鞋通常用于专业选手追求速度的速度轮滑竞赛，一般有4个轮子，最多时可装6个轮子，排成一线，低鞋腰、低鞋跟，通常不装制动器。

②休闲轮滑鞋

休闲轮滑鞋用于一般休闲和健身活动，它一般是4个轮子排成一条线，轮子后方装有制动器，高鞋腰、中等鞋跟。

③花样轮滑鞋

花样轮滑鞋用于花样轮滑或表演。其主要特点是：4个轮子排成两排，前后各两个轮子，且两个轮子间距略宽于脚，鞋尖前下方安装制动器、高鞋腰、高鞋跟。

④特技轮滑鞋

特技轮滑鞋用于特技轮滑，如在滑竿、跳板或"U"滑道做特技动作。

⑤轮滑球鞋

轮滑球鞋用于轮滑球运动，以利于轮滑球运动中快速前进、转弯、射门等瞬间移动动作。

（2）轮滑服装与护具

在轮滑运动中，除轮滑鞋以外，护具也是十分重要的装备。护具除最基本的护膝、护肘、手套外，还有安全帽和防摔裤等。我们要重视护具的选择，一定要选择质量好的护具。

①服装

运动员的服装多种多样，质地、款式、花色各有不同，随着运动员运动水平的不断提高，对服装的性能要求也越来越高，质地、款式、花色及质量要求也越来越精，以不断满足该项运动发展的需要。

速度轮滑运动员的服装大体可分为两种：一种是训练服，另一种是比赛服。训练服没有特殊规定，一般要求穿脱方便及有利于完成训练内容即可；比赛服要求紧身，以便减少风的阻力，但是不应对运动员的活动产生影响。

②护具

护具包括手套、头盔、护肘及护膝、保护眼镜等。

A. 手套

速度轮滑运动员在比赛时，必须佩戴手套，一般要求轻便、不易脱落、耐磨损等。由于运动员滑行速度较快，常会出现摔倒等现象，手套可以缓解手与地面之间的摩擦，减少伤害事故的发生。

B. 头盔

速度轮滑运动员参加比赛时必须戴硬壳头盔，以保证运动员的安全。现阶段运动员使用的头盔一般是由硬塑（ABS 工程塑料）材料制成的，样式较为美观，花色各异。

C. 护肘及护膝

护肘及护膝是为了防止运动员在训练及比赛中肘、膝部被摔伤的保护装置。为减轻运动员装备的重量，设计者均追求将护肘及护膝设计得轻巧、美观、方便和实用。

D. 保护眼镜

保护眼镜是运动员用来保护眼睛的辅助器材，主要功能是防止强光和风沙对眼睛的伤害。保护眼镜具有透明、弹性较好和不易破裂等特点。

2. 轮滑健身价值的挖掘

轮滑运动的价值与作用主要体现在健身上，具有极强的健身价值。经常参加轮滑运动锻炼，能使人体各器官、各组织负荷得以增加，机体发生变化，改善神经系统、心血管系统、呼吸系统等系统的机能，加快新陈代谢，增强体质。具体包括以下四个方面：

（1）改善神经系统机能

人体各器官、系统的一切活动都是在神经系统的调节下进行的，通过神经系统的调节，人体对内外环境产生相应的反应，保证生命活动正常进行。经常参加轮滑运动，能够改善神经系统对人体机能的调节作用，人体在运动时，血液循环、呼吸等活动加强，消化系统活动减弱；而当运动停止后，血液循环、呼吸等活动减弱，消化系统活动增强，这样可以使神经系统对内脏器官的调节机能得到改善，促进内脏器官与肌肉运动相适应，提升肌肉的工作能力。经常参加轮滑运动，对身体的前庭器官和神经系统可以产生影响，可以使前庭分析器兴奋，神经系统的反应速度及神经系统对肌肉的调节得到改善。

（2）改善心血管系统机能

经常参加轮滑锻炼，对心血管的形态、结构和机能都产生不同程度的良好影响，可提高心脏功能、延缓心肌衰老。经常参加轮滑锻炼，不仅能促进心脑血管系统和呼吸系统机能的改善和代谢，同时能提高心脏功能，使心肌收缩力增强，心脏容量增大。

（3）改善呼吸系统机能

经常参加轮滑锻炼，尤其是户外轮滑，不仅能呼吸到新鲜空气，促进新陈代谢，改善氧的供应，而且能改善呼吸器官的机能，提升呼吸器官的工作能力。

（4）改善运动系统机能

经常参加轮滑运动能提高人体的平衡能力。在滑行时，不仅要保持正确的滑行姿势，花样轮滑、轮滑球等还要求做出各种旋转、跳跃、急停等动作，这要求轮滑者具有很好的平衡能力。经常参加轮滑运动对骨髓有较大的刺激作用。经常参加轮滑运动能改善肌肉含量，使肌肉能量增高、毛细血管增多。另外，经常参加轮滑运动的人，力量、速度、耐力、灵活、反应等方面的水平都高于一般人。

3.轮滑健身基本技术练习

轮滑是一项在运动中灵活变换重心、维持动态平衡的运动。因此，在练习时应认识到大胆、灵活、及时地移动重心对掌握技术的重要性，并通过多种练习手段提高移动重心的灵活性和掌握平衡的能力。轮滑的基本技术主要包括以下内容：

（1）原地站立

①平行站立

两脚平行分开，与肩同宽，脚尖稍内扣，膝部微屈，重心落在两脚之间。

②"八"字站立

站立时两脚跟靠近，脚尖自然分开，上体稍前倾，双膝自然弯曲，身体重心落在两脚之间。重心平衡后双脚换成平行站立，上体仍前倾，使重心落在两脚之间。

③"丁"字站立

脚穿轮滑鞋，扶着物体成丁字步站立，前脚跟卡住后脚的脚弓，上体稍前倾，双膝自然弯曲。身体重心落在后脚上。然后两脚交换位置，再呈丁字步站立，直到站稳为止。

（2）移动重心

①原地移动重心

A. 原地抬腿

两脚平行站立，上体稍前倾，重心移至左腿，右腿稍抬起、放下；然后以同样方法练习左腿。练习时要注意放腿时应保持脚下的轮子同时着地。

B. 原地蹲起

两脚平行站立，做下蹲并站起的动作。可先做半蹲，逐渐加大下蹲的幅度，直至快速深蹲并做短时间的静蹲后再站起。练习时要注意踝、膝、髋三个关节的协调配合。

C. 原地左右移动

两脚平行站立，上体稍向一侧倾移，逐渐将重心完全转移至一条腿上支撑，待稳定后再向另一侧移动。

②侧向移动重心

两脚平行站立，重心向右侧移动，随之左脚向左侧横跨一步，右脚迅速靠拢，待稳定后再进行向右侧的下一步。如此反复进行5～6步后再向左侧做相同练习。

③横向交叉步移动重心

两脚平行站立，先将重心移至左腿上并继续向左移动稍超出左腿支撑点，收右腿，右腿向左腿前外侧迈步成双腿交叉姿势，重心随之移至右腿，成右腿支撑重心，接着收左腿向侧跨一步，成开始姿势。如此反复，进行5～6步后再向右侧做相同练习。

④外"八"字脚移动重心

两脚成外"八"字站立，重心移至左脚，右脚向前迈一小步，重心随之移至右脚，然后左脚向前迈进一步，重心随之移至左腿。反复练习，逐渐加快迈步频率和加大迈步距离。注意收脚时应尽量保持脚下的轮子同时着地。

（3）蹬地技术

①单脚蹬地，双脚向前滑行

左脚在前成"丁"字形站立，右脚用内侧轮向身体的侧后方蹬地，左脚尖稍向外撇向前滑行，身体重心随之移至左腿，同时右脚收成双脚着地，向前滑行。

双脚滑行阶段的滑行距离应长些，两脚交替进行，两臂在体侧自然摆动，肩要放松，上体前倾度应比走步时稍大。

②前滑压步转变左脚支撑滑行

身体左倾，右脚在右后侧蹬地，蹬地后摆左脚，在左前侧落地，身体重心移至左脚。同时左脚用外侧在右后侧蹬地，蹬地后前移至左前侧落地支撑滑行。前滑压步右转弯与左转弯动作相同，方向相反。

③后滑压步转弯

以后滑压步右转弯为例，先右脚支撑后滑，身体向右倾斜，左脚在左前下方蹬地，左脚蹬地后摆越右脚尖，在右侧下方支撑落地，身体重心移至左脚，同时左脚在右侧前下方蹬地，蹬地后移至右后侧下方支撑落地滑行。这样，连续不断后压步转滑行。

④两脚交替蹬地，两脚交替单足向前滑行

左脚在前成"丁"字形站立，屈双膝，右脚用内侧轮向身体的侧后方蹬地，左脚屈膝向前滑行，身体重心逐渐移至左腿，成单脚支撑向前滑行。右脚蹬地后在左脚的侧后方自然放松地收至靠近在脚外处落地滑出，脚尖稍向外展，再用左脚内侧蹬地，重复交替进行。蹬地时身体重心应及时地转向支撑腿，单脚滑行阶段的距离尽量长些，两脚滑行的时间和距离尽量相等。

（4）滑行技术

①向前滑行技术

掌握了原地站立与平衡之后，就可以学习向前滑行了。由于脚下的轮子前后滚动，如按照走路习惯用前脚掌直接向后蹬地，身体是无法向前移动的，只有把向后蹬地改为向侧后方蹬地，才能使身体向前运动。

进行向前滑行技术训练时，先小步走，两脚分开比肩稍窄些，向前迈步。以脚的内刃向侧后方蹬地前行，开始步子要小一点、慢一点，然后逐渐加快速度前行。眼睛向前看，上体稍左右晃动，练习移动重心以维持身体平衡。然后在同伴帮助下，双脚平行前滑，体会滑动的感觉和滑动状态下的身体平衡的感受。向前滑行的方法有单脚向前直线滑行、前葫芦步、双脚滑行等。

A. 单脚向前直线滑行

原地两脚成"T"字形站立，左脚在前，右脚在后，两腿稍弯曲，用右脚内刃蹬地，重心慢慢移至左腿，右腿蹬直后右脚蹬离地面，成左脚向前沿行。然后收右脚在左脚侧面落地，左脚蹬地重复上述动作，成右脚单脚向前滑行。两脚交替向前直线滑行，两手自然分开，维持身体平衡。

B. 前葫芦步

开始以双脚内刃站立，起滑时身体稍前倾，两膝弯曲用力，两脚尖向外，两臂自然张开帮助维持身体平衡。当双脚向前外滑出至最大弧线时（两脚间距稍宽于肩），两脚尖迅速内收靠拢，恢复至开始姿势。连续做双脚的分开与靠拢，就能够不断向前滑进。

C. 双脚滑行

用右脚内刃向侧后方蹬地，把身体重心移到左脚上，蹬地后右脚迅速收回与左脚平行成双脚向前沿行，再用左脚内刃向侧后方蹬地，蹬地后迅速收回与右脚平行成双脚向前滑行。两脚依次交替蹬地连续向前滑行。

②向后滑行技术

A. 向后葫芦滑行

两脚稍稍分开，平行站立，脚尖稍向内，两腿弯曲，用两脚内刃向前蹬地，同时两脚跟向两边分开，向后外滑至最大弧线时，两脚脚跟收拢，两膝用力伸直，恢复至开始姿势。随后重复上述滑行动作，连续向后滑行。

B. 向后蛇形滑行

两脚分开约一脚距离，两腿弯曲，脚尖稍向内转。用右脚内刃向前下方蹬地，身体重心移向左侧，成左脚向后滑行。右腿伸直，随即右脚放在左脚侧面，恢复成开始的姿势。然后再用左脚蹬地，身体重心移向右侧，成右脚向后滑行。左腿伸直，随即左脚放在右脚的侧面。依次重复上述动作，连续向后滑行。上体始终保持稍前倾姿势，两膝弯曲，两臂自然张开。

C. 单脚向后滑行

身体前倾，左腿支撑，膝关节弯曲，单脚踩平刃，使滑行方向成一直线，右腿抬起，置于斜后方成弓箭步或直接往上抬，两手平伸，两眼平视，利用身体前倾的力量推动身体向后滑行，收右腿在左腿前落地，抬起左腿，右腿向后滑行。

③转弯与转体技术

转弯就是改变滑行方向，主要有前滑压步转弯、后滑压步转弯。转体是指前滑转体变后滑、后滑转体变前滑的方法。

A. 前滑压步转弯

以向左转弯为例，先使身体重心落在左脚，身体略向左倾斜；右脚向右侧后方蹬地结束后，收腿提至左脚的左前方着地；左脚再向右脚的右侧后方蹬地，推动右脚向左滑行，重心顺势移到右脚，上体略向左转。向右转弯时，动作、方向相反。转弯时两臂张开，配合蹬地摆动，以保持身体平衡。

B. 后滑压步转弯

以向左转弯为例，两脚前后分开后滑，右脚在前，左脚在后，身体重心落在右脚。左脚提起，在右脚的左后方落地，身体重心移到左脚；左脚向右侧蹬地，右脚移至左脚左前方，右膝弯曲，两脚交叉，形成压步动作，身体重心移至右脚，上体向左倾斜。向右后方转弯时，两脚动作方向相反。转弯时，两臂张开，摆动配合蹬地，以保持身体平衡。

C. 双脚前滑转体变后滑

以向左转体为例，两脚平行前滑，左脚后轮支撑，前轮离地向左转；右脚前轮支撑，后轮离地在左脚后滑行。同时上体和手臂配合向左转体180°，接后滑。向右转体方法相同，动作方向相反。

D. 双脚后滑转体变前滑

以向左转体为例，重心移右脚，左脚提起，随上体和手臂向左转体180°落地支撑。重心移至左脚，同时右脚蹬，接前滑。向右转体方法相同，动作方向相反。

（5）停止技术

停止技术是轮滑运动的基本技术之一，是指在滑行中停下来的方法。最基本的有内"八"字停止法、"T"字形停止法。

①内"八"字停止法

向前滑行中，两脚平行分开站立，然后脚尖内转，两脚以内侧轮柔和地压紧地面，两腿弯曲，上体稍前倾、下蹲，两臂前伸维持身体平衡，逐渐减速至停止。

②"T"字形停止法

单脚向前滑行，悬浮的一只脚在滑行脚的后跟处成"T"字形放好后，将悬浮的一只脚慢慢放在地面上，以内侧轮柔和地压紧地面，减速向前滑行直到停止。

（二）健身操

1. 健身操健身价值的挖掘

健身操不但具备减脂和塑造身体线条的锻炼价值，也具备较强的表演性和欣赏性，可提升练习者创造美、欣赏美的能力。

2. 有氧拉丁操

一般来说，有氧拉丁操比较注重用力和节奏，有氧拉丁操的动作用力顺序是从下到上、由里向外，即所有力量来自地面对身体的反作用力，由脚传到腿、髋、腰、躯干。而手臂的动作是由躯干内部发力向外延伸。另外，全身各部位的协调用力是完成好动作的关键，如基本动作中，左膝内扣，髋右转动时躯干应左转，也就是左右两侧要形成对抗状况，这样才能积蓄力量完成下面的动作。有氧拉丁操的步伐也包括一些拉丁舞的基本步伐，如恰恰、桑巴舞中的基本动作。它们都是在均匀的节奏上对音乐进行分割，做这些动作具有一定难度。有氧拉丁操主要有以下四个基本动作：

（1）恰恰步

恰恰步节奏形式是 2 拍 3 动。以右侧恰恰步为例，右腿向右侧迈出 1 拍，左腿并步；右腿再向右侧迈出。恰恰步变化非常多，可以向两侧、向前、向后，可以并步或交叉步，可以单独做或结合别的步法一起完成。

（2）抖肩

双臂侧平举，五指分开，掌心向前，左肩前顶，右肩后展，再右肩前顶，左肩后展。

（3）桑巴步

桑巴步节奏形式是 2 拍 2 动，但与恰恰步不同的是，它的拍时间很短，并且完成动作时节拍要有短暂的停顿。

以向右桑巴步为例，蹬左腿向右一步，重心右移，同时身体左转。左腿向右腿后点一步，同时右腿微微屈膝抬起，重心在左腿。而后重心移至右腿，右脚原地点地一次。桑巴步也可用来做移动或连续多次使用，整个动作主要注意髋部随着重心移动而左右摆动。

（4）曼波步

曼波步的步法节奏形成均匀，没有切分节拍，可以前后、向两侧或结合转体动作。在传统的健美操中也常用这个步法。

第二节　不同人群城市社区体育健身项目的利用与开发

社区体育健身项目有很多，由于其各自的特点和健身价值不同，因此适合不同的人群参与。同时，不同人群的身体和心理特点都会有一定的差异性，其对社区体育健身价值的需求也会有所不同，以此为依据，可以有针对性、目的性地选择相应的健身项目，以达到理想的健身效果。

一、儿童与少年社区体育健身项目的开发

（一）儿童与少年的身心发展特点分析

通常情况下，可以将这个时期分为儿童期和少年期两个年龄阶段。一般来说，儿童期指六七岁至十一二岁这个年龄阶段，少年期指 12～17 岁这个年龄阶段。

1. 儿童期的身心发展特点

（1）儿童期的身体发展特点

儿童期是人的身体形态机能发育处于稳定增长的阶段，从骨骼方面来说，一是骨骼弹性大而硬度小，柔韧性较好，因而不易发生骨折，但骨骼易弯曲变形，需要引起关注。二是关节面软骨较厚，关节囊较薄，关节内外的韧带较薄并且松弛，关节周围的肌肉较细长，关节的灵活性与柔韧性都易发展，需要注意的是，关节的牢固性较差，易脱位。从肌肉方面来说，肌肉中含水量较高，蛋白质、脂肪以及无机盐类较少，肌肉细嫩。相较于成人来说，儿童期的收缩能力较弱，耐力差，易疲劳，但恢复速度相对较快。身高的发育要比体重的发育速度快，多呈现细长型。除此之外，神经系统已基本发育成熟，并且已经基本具备了从事各种复杂运动的身体能力，这个时期的智力水平通常也较高。

（2）儿童期的心理发展特点

儿童期的形象思维逐步过渡到逻辑思维，并且随着知识的不断丰富，其思考的目的性、独立性和灵活性也有了一定程度的提高。

2. 少年期的身心发展特点

（1）少年期的身体发展特点

进入少年期，身体形态的各项指标增长速度突然变快。男女少年的身体发育有一定的差异性，但从整体来看，少年期的发育过程是身体纵向发育在前，横向发育在后。从手脚、躯干、四肢的发育状况来说，是手脚和四肢的发育在前，躯干的发育在后。

（2）少年期的心理发展特点

少年的身体形态和机能的迅速变化也会对其心理产生一定的影响，从而使其发生一系列变化。总的来说，少年因为所面对的人际关系较为复杂，所以抽象思维能力和独立学习能力也有所提升。但同时，少年在心理上也存在一定的不足之处，主要表现为：独立性与依赖性共存的矛盾、认知水平低、控制自己的能力较弱、容易被暗示等。除此之外，这个时期少年的兴趣爱好也会发生一定的改变和转移。

（二）适合儿童与少年的社区体育健身项目

鉴于儿童与少年的身心发展特点，结合儿童与少年的兴趣爱好等，可以得出，适合儿童与少年的社区体育健身项目主要包括走、跑、攀爬、跳绳、游泳、垫上运动（滚翻）、体操、足球、篮球、滑板、投掷、垒球、游泳、冰球、摔跤、武术等活动。其中，比较具有代表性的是健身跳和游泳。

1. 健身跳

（1）健身跳的开发价值

在社区体育中，健身跳是一项较为简单的健身项目，这一健身活动有其独特的健身价值，具体体现在以下四个方面：

第一，健身跳是集健身、娱乐于一体的运动形式，其包含丰富的练习内容，比较常见的有远度跳、高度跳、障碍跳以及跳皮筋、跳绳等相应的游戏。在这类充满轻松愉快气氛的运动当中，不仅能够有效锻炼身体，而且能够进一步充实人们的生活，增加生活乐趣。

第二，儿童与少年经常从事一些跳跃练习，对于运动器官和神经系统的良好发育有较为有利的影响。同时，这些运动能够有效地促进身高的增长。

第三，健身跳通过双脚与地面发生冲撞和摩擦，强烈刺激足底，使足部的血液循环进一步加快，足部的血流量有所增加。同时，也使血液回流速度进一步加快，从而对血液循环系统功能的增强起到积极的促进作用。

第四，支撑跳对于心理素质的要求较高，开展这项运动能够有效提高心理素质水平。通常情况下，支撑跳可作为一种克服障碍的身体练习，长期锻炼，能够使人应对挫折的能力得到有效提升。同时，对于培养锻炼者果断、勇敢的意志品质，消除胆怯、自卑等不良的个性心理也是非常有帮助的。

（2）健身跳的基本练习方法

①远度跳健身法

第一，原地二级蛙跳练习。两脚原地开立，协调预摆几次，两臂及两腿用力蹬伸，然后收腹举腿前伸落地，接着继续蹬伸配合进行第二次跳跃。

第二，立定跳远后坐入沙坑练习。基本要领同立定跳远，只是两脚落地时尽量使两腿触胸后两脚远伸，用臀部坐入沙坑。

第三，单足跳接跨步跳练习。单足向前跳一次，脚着地后，迅速蹬伸用力做跨步跳动作，当前摆动的腿落地后再接着做单足向前跳，依次反复，左右腿轮换练习。

第四，蹲起挺身跳练习。两腿半蹲，两臂用力向前上方摆起，同时两腿用力蹬伸跳起，空中挺胸展髋，然后收腹举腿落地。

第五，立定跳远练习。两脚原地开立，协调预摆几次，两臂及两腿用力蹬伸，然后收腹举腿前伸落地。

第六，连续兔跳练习。全蹲或深半蹲，两手体后互握，身体正直，两腿用力蹬地向前跳进。连续进行练习。

②高度跳健身法

第一，原地蹲跳起练习。原地全蹲或半蹲，两臂后摆，两腿迅速用力向上蹬伸，两臂向上摆动，使身体尽可能获得最高的腾空高度。

第二，原地单足换腿跳练习。左（或右）蹬伸跳起，左（或右）腿向上摆动，跳起时摆动腿下放与蹬地腿配合身体向上伸展，接着起跳腿落地，摆动腿上步换腿后继续蹬伸跳起。

第三，团身收腹跳练习。原地半蹲跳起，两腿并拢，屈膝团身大腿尽量触及胸部，两臂协调配合摆动。

第四，直膝跳练习。身体直立，两手置于体后，一手握住另一只手手腕，两膝微屈，主要靠踝关节蹬伸的力量跳起，身体垂直向上，落地时以脚前掌着地，连续富有弹性地跳起。每组可做 20 次以上，可重复多组。

第五，原地跳起直腿收腹跳练习。两腿半蹲两手后摆，接着两腿蹬伸跳起，两臂同时向上摆起，空中两腿并拢直腿收腹，两手尽量触及脚尖。落地时注意缓冲。

第六，连续助跑摸高练习。在运动场地放置多个悬挂物或利用自然环境，按照一定的要求连续助跑摸高。

2. 游泳

（1）游泳健身价值的开发

①能够有效增强人体抵抗力

游泳锻炼可以对体表毛细血管收缩和运动时皮肤毛细血管产生刺激，从而使神经系统支配皮肤血管收缩和舒张的灵活性得到有效提高，使人体适应温度变化和抵御寒冷的能力得到提升。

②增强心肺功能

经常参加游泳的人，能使心脏得到很好的锻炼，心肌变得发达，收缩能力增强，促进机体的新陈代谢。

③健美形体

游泳运动能够对全身的肌肉起到均衡的锻炼作用。同时，能够有效地锻炼人体的胸背和四肢的肌肉。

（2）游泳健身基本技术练习

游泳的形式有很多，如蛙泳、仰泳、蝶泳等。这里以蛙泳为例介绍游泳的基本健身技术。

①身体姿势

蛙泳在游进时，身体姿势是不断变换起伏的，它是随着臂、腿及呼吸动作的周期性变化而不断变化的。在一个动作周期中两臂前伸、两腿向后蹬直并拢时，身体是几乎水平地俯卧于水中，头部夹在两臂之间，两眼注视前下方，腹部与大、小腿位于同一水平面上，臀部接近水面，身体纵轴与水平面成 5°～10° 夹角，这种身体姿势可以减小游泳时的水流阻力。要做到这一点，胸部需要自然伸展，稍收腹，微塌腰，两腿并拢，脚尖伸直，两臂并拢尽量前伸，全身拉伸成一条直线。而在划水和抬头吸气时，上体会向前上方抬起，肩和背部的一部分上升露出水面，此时躯干与水面的角度较大。当两臂前伸、两腿向后蹬夹时，随着低头的动作，肩部又浸入水中，身体恢复比较平直的流线型姿势向前滑行。

②腿部技术

A. 收腿

在收腿时，大腿带动小腿向身体的侧下方前收，两腿边收边分，腿部肌肉应自然放松。为了减小收腿时迎面水流的阻力，收腿的速度要相对缓慢。如果收腿速度太快，就会增大阻力，影响游泳的速度。当收腿结束时，小腿要尽量收在大腿的投影面内，以减小收腿时的阻力，此时大腿与躯干大约成 130° 夹角，膝关节与池底垂直，两膝与肩同宽。

收腿是翻脚、蹬夹的准备动作，是从身体伸直成流线型向前滑行的姿势开始的。收腿时，腿部肌肉略为放松，大腿自然下沉，两膝开始弯曲并逐渐分开，小腿和脚跟在大腿后面向前运动。收腿时，踝关节放松，脚底基本朝上，脚跟向上，向前移动，向臀部靠拢，两腿边收边分开。两小腿和两脚在前收的过程中要落在大腿的投影面内，以避开迎面水流，减小收腿的阻力。收腿动作应柔和，不宜太用力，在收腿的过程中臀部略下降。收腿结束时，两膝内侧的距离约与肩同宽，大腿与躯干成 130°～140° 夹角，小腿接近于与水面垂直，整个收腿就像压缩弹簧一样，为翻脚和蹬夹做好准备。同时，收腿速度要先慢后快，要尽力减少收腿时引起的阻力。

B. 翻脚

当收腿使脚跟接近臀部时，大腿内旋，两膝稍内扣，小腿向外张开，两脚背屈使脚掌勾紧向外翻开，脚尖转向两侧，使小腿和脚的内侧面向后，形成良好的对水面，为蹬夹动作做好准备。翻脚实际上是收腿的结束动作和蹬夹的开始动作。在收腿接近完成时就开始翻脚，翻脚快完成时就开始蹬夹，在蹬夹的开始阶段继续完成翻脚。收、翻、蹬夹三个动作紧紧相连，一环扣一环，形成一个连贯圆滑的鞭状动作。

C. 蹬夹

蹬夹动作是蛙泳游进中获得推进力的主要部分。它在翻脚即将完成时就已开始。由于翻脚动作的惯性，脚在后蹬的开始阶段继续向外运动，完成充分的翻脚。随后，由腰腹和大腿同时发力，依次伸展下肢各关节，两脚转为向后向内运动并稍下压，直至两腿蹬直并拢，完成弧形的鞭状蹬夹。蹬夹动作是"蹬"与"夹"的结合，两腿是边后蹬边内夹，当两腿蹬直时两膝也已并拢了，既不是完全向后蹬，也不是向外蹬直了再内夹并腿。

蹬夹时，下肢各关节的伸展顺序是保持最大对水面积的决定因素。正确的顺序是：先伸髋关节，后伸膝关节，最后伸踝关节，直至两腿伸直并拢。蹬夹开始时，主要是大腿向后运动，膝关节不宜过早伸展，以使小腿尽量保持垂直对水的有利姿势，避免出现小腿向下打水的错误动作。在蹬夹过程中，脚应保持勾脚外翻姿势；在蹬夹将近结束时，脚掌才内旋伸直，完成最后的鞭水动作。如果先伸踝关节，则会破坏翻脚所形成的良好对水面，形成用脚尖蹬水的错误。

在蹬夹过程中，脚相对于静止的水的运动轨迹是一条复杂的三维曲线，既有向后的运动，又有向外、向内、向下的运动，水对腿部动作的反作用力由蹬腿升力和蹬腿阻力构成。在蹬夹过程中，蹬腿升力起着重要的推进作用。但由于小腿和脚的内侧面是向后对水，且相对于自身来说腿部向后运动的幅度较大，故蹬腿阻力对推进力的贡献更大些，这就要求大腿内收肌群在蹬夹过程中积极工作，限制腿脚过分地外张，以保证蹬夹方向主要向后。

升力和阻力都与速度的平方成正比，蹬夹动作的速度越快，产生的推进力越大。强有力的蹬夹可以最大限度地提高蛙泳速度。因此，蹬夹时要充分发挥腿部肌肉的力量，逐渐加速。蹬夹开始时，动作应比较柔和，而最后伸直小腿和脚掌的动作要快速有力。

D. 滑行

当蹬腿结束时，蹬夹结束后，腿处于较低的位置，脚距离水面30～40厘米。

此时，身体在水中获得最大速度，两腿伸直并拢，腰、腹、臀及腿部的肌肉保持适度紧张，使身体成流线型向前滑行，准备开始下一个腿部动作周期。滑行中，要注意保持两腿较高的位置，减少滑行时的阻力。

在蛙泳动作技术中，腿的动作是掌握蛙泳技术的基础。在腿的一次动作过程中，收、翻、蹬动作要连贯，收腿、翻脚速度应比蹬夹水速度慢一些。

③划水技术

游蛙泳时，整个手臂动作都是在水下完成的。对游泳者来说，手的划水路线近似于两个相对的"桃心"，即两手从"桃心"的尖顶开始，不停顿地划动一周回到尖顶。为便于分析，把蛙泳的一个划水动作分为外划、下划、内划、前伸四个紧紧相连的动作阶段。

A. 外划

外划是从两臂前伸并拢、掌心向下的滑行姿势开始的。外划时两臂内旋，两手掌心转向外斜下方，略屈腕，两臂向外横向划动至两手间距约为两倍肩宽处。外划的动作速度较慢。

B. 下划

手臂在继续外划的同时，前臂稍外旋，肘关节开始弯曲，转腕使掌心转为朝后下方，以肘关节为轴，手和前臂加速向下、向后划动。在下划的过程中，手和前臂的运动速度快、幅度大，而上臂的移动不多，前臂与上臂之间的夹角迅速缩小。下划结束时，肘关节明显高于手和前臂，手和前臂接近垂直于游进方向，肘关节约屈成130°夹角。

C. 内划

内划是手臂划水产生推进力的主要阶段。下划结束，掌心迅速转向内后方，手臂加速由外向内并拢，稍向后横向划动，屈肘程度进一步加大，肘关节同时向下、向后、向内收夹至胸部侧下方。两手划至胸前时几乎靠在一起。

D. 前伸

当内划接近完成时，两手在继续向内、向上划动的过程中逐渐转为向上、向前弧形运动至颌下。此时两手靠拢，两掌心逐渐转向下，手指朝前。接着，肘关节不停顿地沿平滑的弧线前移，推动两手贴近水面向前伸出。同时迅速低头，将头夹于两臂之间。伸臂动作完成时，两臂伸直并拢，充分伸肩，两手掌心向下，成良好的流线型向前滑行。

蛙泳时的手相对于静止的水的运动轨迹实际上是一条复杂的三维曲线。手在划水时并没有大幅度向后的运动，而主要表现为明显的横向和上下方向的运动，就像手握着一个固定的把手将身体拉引向前。蛙泳划水阻力朝内，两臂上的划水阻力互相抵消，但由于屈腕动作，手掌平面与划动方向约成40°的迎角，所产生的划水升力起着推动身体前进的作用。手臂向下、向后的划动不仅为强有力的内划做好准备，还可以产生升、阻力兼有的推进力推动身体前进。内划阶段手臂的对水面大，手掌平面与手的划动方向成30°～40°的夹角，水的反作用力以划水升力为主。此时胸背部和肩带的肌群亦处于收缩发力的最有利部位，两臂的向内划动可以有很大的加速度，所以内划阶段是蛙泳手臂划水产生推进力推动身体前进的主要阶段。蛙泳手臂划水动作的各个阶段是紧密地连接在一起的，整个动作要连贯圆滑，由慢到快，加速进行。初学者尤其应注意在内划结束转前伸时，手臂不能停顿。

二、中青年社区体育健身项目的开发

（一）中青年人群的身心发展特点

1. 青年人的身心发展特点

（1）青年人的身体发展特点

通常情况下，青年人指18～35岁年龄阶段的人。他们正处于一生中生命力最旺盛的"黄金"时期，各组织器官系统及其机能的正常生长发育都已经完成，对于参加各种体育活动较为适宜，能够更加广泛地选择锻炼的项目。除此之外，还能够以自身的身体条件和兴趣爱好为主要依据，选择并参加自己喜欢的体育锻炼活动以及竞技体育运动。这一时期青年人承受运动负荷的实际能力也较大。

（2）青年人的心理发展特点

这一阶段的人具有较为丰富的想象力，丰富的情感，同时，也表现为易冲动、控制力较差等特点。他们往往抱有不同的人生理想，个性趋于稳定，兴趣爱好广泛，意志品质有较大的发展。需要强调的是，青年人往往会对自己的身体健康状况有过高的估计，时常疏于参加体育锻炼，不利于身体健康的长期保持。

2. 中年人的身心发展特点

（1）中年人的身体发展特点

通常情况下，中年人指45～59岁这个年龄阶段的人。中年人的身体素质都已经呈现下降趋势，体质由强向弱转变，身体的各项生理机能也开始逐年下降，精力逐渐减退，体型开始发胖，体力方面落后于青年人；在进行一定的体育健身锻炼后，恢复速度也大大降低，疲劳出现得较早，受伤概率则有所提升，总体健康水平有所下降。

（2）中年人的心理发展特点

尽管中年人的心理发展已经呈现出较为成熟的状态，但随着他们工作任务的增加，生活和工作压力也越来越大，往往会导致相应的心理疾病产生，比较常见的有神经过敏、神经衰弱、抑郁症等。需要强调的是，随着年龄的增长，中年人的更年期到来，各种心理疾患和生理疾病的发病率也有所提高。

（二）适合中青年人群的社区体育健身项目

鉴于以上中青年人群的身心发展特点，适合中青年人群的健身项目主要有散步、慢跑、自行车骑游、跳操、跳舞、象棋、扑克、麻将、垂钓、拳击、散打、高尔夫球、保龄球、网球、台球、登山、赛车、射击、溜索、潜水、冲浪、滑水、赛艇、漂流、飞伞、热气球、卡丁车等。

1. 地掷球

（1）地掷球健身价值的开发

地掷球对于身体素质的增强有着非常重要的作用。地掷球的运动强度相对较小，没有直接的身体对抗，但对锻炼者的耐力和耐性都有较高的要求。因此，通过地掷球的锻炼，能够有效发展和提高锻炼者的耐力素质。同时，还能有效发展锻炼者的力量素质与身体的协调性、灵敏性。

经常从事地掷球活动，还对智力有一定的改善效果。除此之外，通过地掷球的练习，还能够有效培养人的沉着、机智、顽强和拼搏的意志及集体配合的思想。

（2）地掷球健身基本技术练习

①握球

A. 正手握球

正握式：握球手五指自然分开，掌心向上，将球置于指根以上部位，拇指放在球的正后方，并朝掷球方向，其余四指朝前并托球底部，掌心空出，球的重心在食指和中指之间。

侧握式：握球手五指自然分开，掌心向上，指根以上部位触球，拇指贴在球的侧后方，手呈勺型，并托球底部，掌心空出，球的重心在食指和中指之间。

B. 反手握球

握球手掌心向下，五指自然分开，用手指根以上部位抓球的中上部（或呈手腕前屈，手背向前，四指在下将球托成勾状），掌心空出，拇指放在球的侧方，并与其他四指对抗握球，防止掉球。

②准备姿势

掷球前的准备姿势一般采用两脚平行站立或两脚前后站立，身体重心在两脚之间，持球手臂自然弯曲，肘关节靠近身体，持球手一般位于腰与肩之间，头部略倾于持球手臂，前臂与上臂夹角小于90°，手腕与前臂保持正直，手腕自然伸直，两眼注视目标。

③滚靠球技术

滚靠球技术是运动员在比赛中用球在地面的滚动使其靠近目标的掷球动作的统称。滚靠球是地掷球技术的基础，滚靠球的目的是使自己的球靠近目标，或占据有利位置使己方得分。滚靠球是地掷球得分最基础的技术手段，它与比赛的胜负有着密切关系。

④抛击球技术

A. 正手抛击球

掷球前，运动员持球面对掷球方向，两脚前后开立，同侧（右脚）稍前站于B线处，身体重心在两脚之间，微屈膝，收腹含胸，右手持球成前平举（肘微屈），两眼注视目标球，站姿保持自然。掷球时，上体稍前倾，重心前移，右脚迈出第一步（起动要小）的同时，右手臂以肩为轴，由体前向后摆至体侧，左手臂（非掷球手）随之侧平举，以维持助跑中的身体平衡。当左脚上第二步时，右手臂继续沿体侧向体后摆出，摆至适当高度，右脚再上第三步（亦称支撑步）的同时，右手臂侧由体后摆至体前并结合蹬地、展腹，以适当的出手角度，将球从食指和中指掷出。掷球后，保持动作姿势与手法的连续性，并逐步放松。

B. 反手抛击球

掷球时，上体稍前倾，左臂侧平举维持身体平衡，右手臂持球成前平举（肘略弯曲），头部稍倾于掷球手臂一侧，身体重心前移；右腿上步的同时，右手臂的前臂和手腕内旋180°角向后摆动；当左腿上第二步时，右手成直臂继续向后摆动；右腿上步成支撑时，右手臂顺体侧迅速向前挥摆，掌心朝下将球掷出，并伴随掷球方向，上步缓冲制动。

2. 手球

（1）手球健身价值的开发

手球能够使锻炼者的身体素质得到较为全面的发展和提高，具体来说，手球对锻炼者的身体协调性和力量等有着较高的要求，因此，通过手球健身，能够使锻炼者的身体协调性、柔韧性、速度、耐力、力量等素质得到全面的提高。

另外，手球对于锻炼者的顽强拼搏精神、团队精神等培养方面也起着积极的作用。

（2）手球健身基本技术练习

①脚步移动技术

A. 基本站立姿势

进行手球运动健身时，基本姿势应做到：两脚平行或斜向开立，两脚距离与肩同宽，脚尖向前，膝关节微屈稍内扣，脚跟稍提起，支撑点应放在两前脚掌，上体稍前倾，身体重心落于两脚之间，两臂屈肘自然置于体侧，抬头，两眼注视目标。

B. 跑动技术

起动跑：跑是由基本站立姿势开始的，起动时（向前起动）一脚用力蹬地，身体前倾，身体重心随之向起动方向移动，另一脚迅速跨步，紧随的前几步要小而快，同时，手臂协调配合，积极摆动，以提高跑动的速度。

侧身跑：跑动中，头部和上体向场内或向有球的一侧扭转，身体重心侧前移，脚尖和膝部朝着跑动方向，形成上体侧转，两臂自然摆动，两眼注视场地，随时准备接球。

C. 跳动技术

向前跳：起跳时，踏跳腿屈伸膝关节，并且前脚掌用力蹬地，上体前倾，身体重心向前移动并超越支撑点，腾空后充分展体、抬头，两眼注视目标。落地时，踏跳脚先着地，屈膝缓冲，以控制身体平衡。

向上跳：起跳时踏跳腿屈膝，降低身体重心，然后由踏跳脚后掌过渡到前掌用力向下蹬地，上体伸直，手臂协调上摆，使身体重心升高，另一脚自然屈膝抬起。落地时，踏跳脚先着地，屈膝缓冲，降低身体重心，以控制身体平衡。

②持球技术

A. 单手持球

单手持球时，五指自然张开，用指根以上部位接触球，手腕放松，五指用力控制住球。

B. 双手持球

双手持球时，双手手指自然分开，两拇指相对成"八"字形，用指根以上部位接触球，手腕放松，持球后侧部。

③传球技术

A. 单手肩上传球

两脚前后开立，微屈膝，右手持球，举球后引至肩上，肘略高于肩，上下臂的夹角大于90°。传球出手时，用力蹬地，转体挥臂，手掌对准出球方向，屈腕、拨指将球传出。

B. 单手胸前传球

前臂挥甩，腕、指翻转前屈拨弹，将球传出。向前传球用力处于球的正后方，甩臂屈腕时，掌心朝下，虎口向左。向右传球时，腕外翻转，虎口向下，用力处于球的左侧。向左侧传球时，腕内旋，虎口向上，用力处于球的右侧。

C. 单手体侧传球

两脚自然开立，稍屈膝，持球提起置于体前，手持球的部位稍低于肘关节，虎口向上，用上臂带动前臂水平挥甩，最后用手腕前屈和手指拨球将球传出。

④接球技术

A. 双手接胸部高度的球

两眼注视来球，伸臂迎球，手腕稍上翻，五指自然张开朝前上方，两拇指相对成"八"字形,手掌呈勺状,当球触及手指的瞬间,手指紧张握球,手臂随球后引,缓冲来球速度,接住球后做下一技术动作。

B. 双手接低于腰部的球

接球时,屈膝,上体前倾,向前下方伸臂迎球,五指张开,两小指相对成"八"字,两手呈半球状,手与球接触瞬间,手指紧张,手臂后引缓冲,上体直起,将球握于胸腹之间,抬头观察,准备下一动作。除此之外,还可以屈膝下蹲,用接胸部高度的球的方法来接腰部的球。

C. 双手接反弹球

接球时,正确判断球击地反弹的方向和弹起的高度,双手对准弹起的球,根据球弹起的高度,用前面介绍的两种接球方法接球。

三、老年社区体育健身项目的开发

(一)老年人的身心发展特点

通常所说的老年人是指60岁以上年龄段的人。随着我国经济的快速发展,人民的生活水平有了较为显著的提高,老年体育活动也成为我国社区体育的重要部分。

1. 老年人的身体发展特点

进入老年期后,身体各组织、器官系统的机能会出现衰退性变化,适应能力和抵抗能力也会有较大程度的减退,从而导致其患病率逐渐上升,对老年人的正常生活产生较大的影响和破坏。另外,随着年龄的进一步增长,老年人的各种感官功能、各种身体素质、各种运动能力也会有较大程度的下降,并且衰退的速度会进一步加快,进而导致反应迟缓、智力下降、运动困难、易疲劳等情况发生。

2. 老年人的心理发展特点

老年人由于从原来的工作岗位退休,其社会角色有了较大的变化,再加上身体发展的特点以及家庭成员的生活环境的巨大变化,其心理活动会产生较大的波动。具体来说,老年人的心理发展特点主要表现为有失落感、孤独感、寂寞感、无用感,还有机能衰退后出现的恐惧感、紧张感等。

（二）适合老年人群的社区体育健身项目

分析老年人群的身心发展特点，与其相适应的社区体育健身项目主要包括步行、健身跑、游泳、门球、气功、太极拳、太极剑等。下面以太极拳和门球为例重点阐述。

1. 太极拳

（1）太极拳健身价值的开发

太极拳柔和、缓慢、均匀的动作能够使全身的血管得到舒张，加速血液循环，从而使心脏的负担减轻。太极拳健身锻炼能够改变疾病的病理兴奋状态，对神经中枢的功能起到修复和改善作用。此外，练太极拳时呼吸细、慢、深、长，能对植物性神经系统的功能进行适当调节。

太极拳扭曲揉摆的动作能够有效按摩腹壁和膈肌，促进胃液的分泌和肝内血液循环，使胃肠蠕动、消化和吸收能力提升，肾上腺素的分泌功能有所增强，体内物质（尤其是胆固醇）的代谢得到改善。

太极拳对呼吸有一定的要求，即要运用细、匀、深、长且与动作自然配合的腹式呼吸。这样对于保持肺泡的弹性，发展呼吸肌，改进胸廓活动度，增大肺活量，提高肺通气量和氧结合率都是较为有利的。

太极拳的多弧形或螺旋形动作能够有效提高肌力，防止肌肉萎缩，使关节、韧带的灵活性和柔韧性得到有效增强，从而防止关节发炎、扭伤或脱位。另外，太极拳还能够有效提升骨骼抗压防折的能力。

（2）太极拳健身基本技术练习

①手型

拳：五指卷屈，拇指压于食指、中指第二指节上，手指自然握拢，握拳不要过紧。

掌：五指微屈，自然分开，掌心微含，虎口成弧形。

勾：五指第一指节捏拢，屈腕，手指和腕部要放松自然。

②手法

贯拳：两拳自下经两侧向前上方弧形横打，与耳同高，臂稍屈，拳眼斜向下，力达拳面。

搬拳：屈臂俯拳，向上、向前，以肘关节为轴，前臂翻至体前，肘微屈，拳心斜向上，力达拳背。

冲拳：拳自腰向前打出，高不过肩，力达拳面。

推掌：单推掌，掌须经耳旁臂内旋向前立掌推出，掌心向前，指尖高不过眼，力达掌根；双推掌，两掌自胸前同时向前推出，掌指向上，宽不过肩，高不过眼，力达掌根。

搂掌：掌自体前经膝前横搂至膝外侧，停于胯旁，掌心朝下，掌指朝前。

捋：两臂稍屈，掌心斜相对，两掌随腰的转动，由前向后划弧捋至体侧或体后侧，不可直着回抽。

③步型

提步：一腿屈膝下蹲，完全支撑体重；另一脚脚尖向下，收控在支撑脚的内侧。

并步：两脚平行，相距20厘米之内，脚尖向前，全脚着地，重心可平均放于两腿之间，也可偏于一腿。

弓步：前腿屈膝前弓，膝盖与脚尖上下相对，大腿斜向地面，前脚脚尖直向前；后腿自然蹬直，脚尖斜向前方呈45°～60°，两脚全脚掌着地，两脚跟之间横向距离为10～30厘米。

2. 门球

（1）门球健身价值的开发

门球的球与球之间位置的变化有着极强的趣味性以及非身体对抗等特点，使门球运动深受老年人喜爱。另外，门球是一种参与性较高的健身活动，给人"趣在旨中，妙在言外"的感受。

门球运动有利于身体素质水平的提高。门球健身运动能使锻炼者的力量、耐力、柔韧、协调性等身体素质得到很好的发展。

门球健身运动有利于心理素质的改善和调节。门球运动是一种集体性的运动项目，以集体的形式进行健身运动，能培养锻炼者的团结、协作精神，有助于集体感的培养。同时，还能够使锻炼者始终保持一种积极、乐观的生活态度。

（2）门球健身基本技术练习

①持棒

A. 横蹲式持棒

准备持棒前，两脚平行分开，两脚距离与肩等宽。两肩放松，两臂自然垂于体前；两腿屈曲，上体前倾，整个身体姿势呈蹲式。右手全握槌柄，以左手食指和中指尖顶住槌柄，并紧贴右手，手心相对，两手背紧靠在右膝关节处，槌头与脚尖成直角，持球棒固定。

B. 半弓步持棒

准备持棒前，两脚相错，一前一后，相距20～30厘米。前脚尖要与球平行，间隔一球距离；后脚尖放在前脚的中心位置。两肩放松，两臂自然垂于体前；两腿屈曲，上体前倾，整个身体姿势呈半弓步状态。左手紧贴右手全握槌柄，手心相对，两手背紧靠在膝关节处，槌头与脚平行将槌柄固定。

C. 半马步持棒

准备持棒前，两脚平行，两脚距离与肩同宽。两肩放松，两臂自然垂于体前；双腿屈曲，上体前倾，整个身体姿势呈半马步状态。右手全握槌柄，左手以食指和中指尖顶住槌柄，并紧贴右手，手心相对，两手背紧靠在膝关节处，槌头与脚平行，持球棒固定。

②击球

A. 平行型

击球方向与瞄准线平行，击球点偏左时，击出方向向右偏转，并产生向左旋转，击球点偏右时，击出方向向左偏移，并产生向右旋转；击球点在正后方或偏上时，击球方向与瞄准线一致，在偏上时产生向前旋转。

B. 上挑型

击球方向向前上方，击球点偏左或偏右时，击球方向向右或向上偏移，并产生向前旋转；击球点在正后方或偏上、偏下时，击出方向与瞄准线一致，并产生向前旋转。

③撞击

A. 正面撞击

双脚站好位置，双手握住球棒的槌柄，双眼瞄准，使要击中的目标、自球、槌头、槌尾构成一条直线。把注意力集中到自球的被击点上。击球时,要使双臂肌肉放松,身体各部位协调配合,保持槌头和槌尾的平稳状态,然后适度用力,使槌头端面不偏不倚地击中瞄准的自球的被击点上。注意不要推球、连击或用槌头端面以外的部分击球。

B. 擦边撞击

由于角度的大小不同,在进行擦边撞击练习时,要注意掌握擦球边部位的大小。如形成170°角时,则要擦半个球的外小边(约1/5处);如需形成150°角时,要擦半个球的1/3部位;形成130°角时,要擦半个球的2/3部位。擦边撞击的有效距离是自球与被擦撞球相距1米以内,以0.5米为最佳距离,最远距离不可超过2米。

④闪击

撞击后,待自球、他球停稳后,球员去捡拾他球,将他球拾起后回到自球停止的位置。根据闪击方向,将他球置于自球前面。用脚踩住两球,使之固定,不发生位移。击球时,如闪击的他球是对方队的球,则必须伸直一条手臂指示击球方向。以适合自己的击球动作,用球槌端面击打自球,用自球将他球震出。

⑤过门

做好击球的动作,在两个球门之间选择好目标,确定瞄准线与击球点,把球击向球门。瞄准角的大小与距离成反比,与过门难度成正比。另外,还要考虑到过门角,过门角越大,则进球的难度越小。

⑥撞击终点柱

动作方法与过门相似。与过门不同的,主要有以下两点:不管是自球还是闪击他球,必须过了第三门才有效;闪击他球撞柱,在得到主裁判宣布他球满分后,自球才可撞柱。撞柱时一定要观察周围局势,对己方有利时才撞,对己方不利就暂缓撞击,以达到既延迟了对方的得分节奏,又为己方其他球的撞柱扫清了道路的效果。

⑦送位

撞击送位是通过撞击后,当他球已达到预定区域或位置时主动放弃闪击权实现的;而闪击送位(简称闪送)则要通过闪击技术来完成。在送位过程中需要注意的是,用力要适中,力图根据赛场上的风力、土质及球面光洁度等情况合理运用腕力；审时度势，准确判断出送位的区域；充分利用闪击后的续击权利制造出有利位置。

第三节 城市社区体育管理

社区体育经过不断发展，已经取得了较为显著的成效。现代新型社区体育是社区体育经过不断发展形成的，与现代社会相适应。新型社区体育的发展与科学的管理有着非常密切的关系。

一、城市社区体育管理的基本理论

（一）城市社区体育管理的概念

作为社会体育管理的一部分，城市社区体育与学校体育和企事业单位体育的组织管理又有一定的差别，它形成的历史比较短，因此，关于城市社区体育的管理，体育工作者们还在探索过程中。根据管理学的定义，可以将城市社区体育管理定义为：城市社区体育管理是为了有效地实现社区体育的目标而对社区体育的人、财、物、信息等资源进行的合理调配和组织协调。由此可以看出，社区体育这一概念的含义有：

第一，城市社区体育管理是以实现社区体育的目标而进行的一种资源调配和组织协调活动。社区体育的目标主要包括两个方面：一方面，其要使社区居民的体质增强，生活内容进一步丰富，居民的身体健康水平和生活质量有所提高，生活方式得到改善；另一方面，要通过体育活动产生互动，使居民的社区感情进一步增进，使社区的凝聚力有所提高。社区体育管理以保证这两个目标的实现为主要目的。

第二，城市社区体育管理要使有限的社区体育资源实现尽可能大的效益。

第三，城市社区体育管理是社区体育管理组织和管理者通过对社区体育活动的计划、组织与控制，从而保证社区体育活动高效、和谐有序运行。

（二）城市社区体育管理的职能

社区体育管理的职能主要表现在三个方面，即计划职能、组织职能和控制职能，其中，计划职能是最重要的职能。

1. 计划职能

计划职能是社区体育管理中的重要职能，具体来说，其主要是指管理者确定未来社区体育工作目标与计划的活动过程。

（1）确定目标

社区体育管理目标必须与整个体育管理的目标相适应，并且应该在调查研究、科研预测和科学论证的基础上建立起来。通常情况下，目标的内容包括以下五个方面：第一，经常参加体育活动的人数及其增长措施；第二，用于社区体育的经费数量；第三，开展社区体育活动的场地设施数量；第四，体育骨干的培养与发展等；第五，人们的体质发展水平等。在确定目标时，要做到具体明确，既鼓舞人心，又达到切实可行的要求。

（2）制订工作计划

工作计划是目标的表达方式，同时，它是为实现目标所进行的具体设计和筹划。通常情况下，社区体育工作计划的内容包括以下四个方面：

第一，指导思想。具体来说，就是根据党和政府的中心工作、体育的方针政策，将社区体育工作重点和争取达到的总目标提出来。第二，目的要求。具体来说，就是以指导思想和总目标为依据，将具体的要求提出来。第三，计划任务安排。比较常见的有经验交流的安排、检查评比工作的安排以及各项任务的安排。第四，具体措施。比较有代表性的有经费和物质保证等，可以说，它是在预测和决策的基础上，通过对各种决策反复分析和论证而提出的具体计划方案，在对它进行执行时要力求从实际出发，取得较为显著的效果。

2. 组织职能

管理者落实计划、组织协调管理对象，逐步实现目标的活动过程，就是所谓的组织职能。具体来说，主要包括建立健全体育组织、合理安排工作人员的工作。

3. 控制职能

根据目标计划要求衡量计划完成情况，并以此为依据调节管理对象的行为，确保目标实现的活动过程，就是所谓的控制职能。换句话说，就是运用反馈调控的过程，其基本操作过程是：建立标准—衡量实际成效—反馈调控—纠正偏差—实现目标。

（三）城市社区体育管理的原则

城市社区体育管理有其自身的特点和规律，以其为主要依据，可以概括出社区体育管理以下三个方面的原则：

1. 激励性原则

社区体育是人们自觉、自愿参加的活动。因此，在涉及体育管理中，提高居民的体育兴趣、体育积极性是十分重要的。通常情况下，提高居民的体育兴趣和积极性的途径主要有以下三种：第一，通过宣传，靠营造氛围来对人们的体育动机进行激发；第二，通过开展娱乐性、趣味性、竞争性较强的日常体育活动和体育竞赛，使居民的体育兴趣得到提高；第三，通过表彰、奖励体育优胜集体和个人、体育活动积极分子，树立体育典型等方式，使人们参加体育活动的积极性得到激励和提高。

2. 自主性原则

社区体育的组织管理方式有多种，其中，最主要的是居民自主管理。社区内的各种体育协会作为非行政性组织，其特点主要表现为自主性、松散性，对社区体育的管理要将居民体育骨干的积极性充分调动起来，对他们的自主意识、组织能力和自治能力进行培养，依靠他们的力量自主地开展社区体育活动。另外，还要从行政层面给予他们政策上和资源上的支持。

3. 区域性原则

社区体育的一个重要特点就是区域性。具体来说，区域性就是某一特定区域内的群众体育活动，它的参加者、组织者、体育资源等都在特定的区域内。因此，在进行社区体育管理时，一定要立足特定的区域，以特定区域内居民的体育需求、场地设施、经费等情况为主要依据将体育目标确定下来，制订体育计划，从而较好地开展体育活动。

二、城市社区体育管理的内容

（一）社区体育组织管理

1. 社区体育组织概述

由国家调控，依托社会，充满生机的新型社区体育管理体制和良性循环的运行机制正在形成。社区体育的组织形式已由单一的行政组织逐渐朝着家庭、社区、辅导站、体育俱乐部、体育协会等多种形式的方向发展，社区体育的功能也得到了一定程度的拓展，社区体育的价值取向也已经呈现出健身、健心和娱乐等多元化倾向。社区体育活动方式也发生了一定的转变，即逐渐转变为自愿、业余和有偿服务。同时，活动内容也体现出丰富多彩并满足个性需要的特点。

通常情况下，我国社区体育组织分为两大类：一类是社区居民自发建立的比较松散的组织形式，即自主松散型社区体育组织，也称为自发性社区体育组织，具有代表性的有体育活动点、社区体育辅导站等；另一类是以政府部门或企事业单位为依托，组织程度较高的组织形式，即行政主导型，也可称之为正式体育组织，比较具有代表性的有社区体育服务中心、街道社区体协等。

社区体育组织的基本工作范畴包括制订社区体育发展规划和工作计划，修建、维修、改造社区体育活动的场地和设施，建设社区群众身边的体育组织，组织、发动和开展社区体育活动等几个方面。

2. 社区体育组织管理的类型与机制

（1）社区体育组织管理的类型

当前，新型社区体育组织的管理类型主要有以下三种：

①体育俱乐部的管理

当前，我国社区体育俱乐部中绝大部分属于街道办事处指导下的自发性社区体育组织。同时，有少量属于经营性质的俱乐部也开始出现。从内部管理体制上看，社区体育俱乐部都制定了相应的章程，并且对体育俱乐部的内部管理体制进行规范。

②社团型的社区体育组织的管理

随着经济的不断发展，我国社团型的社区体育组织也得到了较好的发展。目前，从隶属关系上看，体育社团的管理类型属于群众体育协会的约占30%，属于单项体育协会的约占45%，属于体育总会的约占25%；有20%属于事业单位，60%属于纯民间组织，20%属于体育行政机构的一个部门，由此可以看出，很多体育社团属于"一套人马两块牌子"。因此，体育社团绝大多数属于民间组织。而从其内部管理体制上来看，有近一半的社团有专职管理人员，60%的社团有自己的固定活动场所，100%的社团有自己的章程，80%的社团采用会员制，由此可以看出，体育社团的管理机构是较为健全的，并且有其自身发展的潜力。

③街道办事处的管理

街道办事处的管理类型是上级与下级沟通的桥梁。具体来说，就是对上服从体育行政机构的领导，对下级机构有监督指导的作用。从自身的职能来说，街道办事处管理群众体育有着明确的任务，是未来辖区的主要管理者。从内部管理来说，街道办事处设有专人管理。除此之外，还有文化站承担着群众体育的管理职能。

（2）社区体育组织管理的机制

①组织机制

建立有效的组织管理体系和流畅的组织机制是开展社区体育必需的重要方面。目前，我国社区体育组织建设在管理体系上是按四个层次进行管理的，即区级政府体育部门、街道办事处（镇）、居民（乡、村）委员会、体育活动站。各个层次的职能都有一定的差异性。其中，政府体育部门主要进行社区体育工作的宏观领导与指导；街道办事处（镇）是社区体育工作的主体，其主要职责是制订社区体育各项工作的规划和工作计划，组织发动较大规模的社区体育活动；居民（乡、村）委员会是社区体育工作的依托，其主要职责是社区体育活动的组织；体育活动站是社区体育活动的具体载体。

②管理机制

从目前我国社区体育的发展程度看，领导重视与否能够在很大程度上影响社区体育工作开展效果的好坏，大部分社区都是由一名行政领导分管社区体育工作的。

(二)社会体育指导员管理

1. 社会中体育指导员概述

(1)社区中社会体育指导员的基本职责与素质

①社区中社会体育指导员的基本职责

社区中社会体育指导员特指在社区内从事社会体育指导工作的人员,其职责主要有以下四个方面:第一,与社区体育组织开展丰富多样的社区体育活动,通过各种方式带领社区居民参与全民健身活动,提高他们的积极性和主动性;第二,对社区居民科学健身进行积极指导,提高健身指导水平,从而为居民提供适宜的健身项目选择,成为社区居民的良师益友;第三,使自身体育科学素养得到进一步提高,通过自身的健身知识识别和反对伪科学属性的体育健身,并且及时介绍和引入新的健身理念和方法手段,使社区体育健身活动充满生机和活力;第四,为社区居民进行合理的体育健身消费提供相应的指导和帮助,使他们的体育健身和健康投资的意识得到有效提高。

②社区中社会体育指导员的基本素质

社区中社会体育指导员,应具备以下三个方面的基本素质:一是思想道德素质。这要求社会体育指导员应加强自身道德修养,积极工作,同时要有法制观念、道德修养以及高尚的事业心、责任心。二是科学文化素质。这要求社会体育指导员具有一定的文化知识,并且在此基础上对政策理论知识、基础理论知识、组织管理知识、锻炼指导知识以及科学研究知识等有所了解和掌握。三是工作能力素质。具体来说,主要包括组织管理能力、锻炼指导能力、科学研究能力和指导低等级社会体育指导员的能力等方面。

(2)社会体育指导员的工作方式

社会体育指导员从事社会体育工作的方式主要有以下三个方面:

第一,义务从事社会体育指导工作;第二,有偿开展社会体育指导工作;第三,开展经营性(职业性)社会体育指导工作。

2. 社会体育指导员的管理

以我国目前社会体育指导员工作方式为主要依据,可以将社区中的社会体育指导员分为两类:一类是公益性社会体育指导员,即在社区非经营性社会体育指导活动中从事指导工作的人员；另一类是职业性社会体育指导员，即在社区经营性体育场所的劳动岗位从事社会体育指导工作的人员。应该在不同的管理体制中按照各自指导工作的规律、特点和要求，采用不同的培训考核和任用管理方式来对待这两类社会体育指导员。

当前，国家体育总局和各省市已经建立全国性和地方性的社会体育指导员协会，从而将社团自治与自律管理的职能充分发挥出来。

社区的社会体育指导员要以一定的体育组织和场所为依托。因此，这就要求将社区的社会体育指导员的管理与社区各种基层体育社团、社区体育俱乐部、乡镇文体站、各种社会体育指导中心、体育活动站、社区体育活动点等体育组织和健身活动管理工作紧密联系起来，并在这些体育组织的管理体系中将工作有序开展起来。

将社区的社会体育指导员的管理纳入社区体育工作评估、社会体育组织建设评价体系中，将各级体育健身组织和场所拥有社会体育指导员数量的指导性标准、强制性标准明确下来，并将其作为重要指标参数来评选先进体育社区。除此之外，要将社会体育指导员的联系网络和沟通渠道建立起来，社区不仅要将社会体育指导员管理档案和基本的指导地点建立起来，还要将群众对社区社会体育指导员工作的评价指导体系也建立起来。同时，还要使社区社会体育指导员工作的激励机制不断得到强化和完善，尊重社会体育指导员的劳动和社会奉献，建立社会体育指导员工作表彰奖励制度，从而将社会体育指导员的工作积极性和创造性充分发挥出来。

（三）社区体育活动管理

1. 街道办事处级体育协会组织的活动与管理

街道办事处级体育协会组织的活动是在社区或街道的组织和支持下进行的。通常情况下，其特点主要表现在以下四个方面：第一，活动与竞赛的等级高、规模大、综合性强；第二，设项多，传统与创新项目相得益彰；第三，区域限制严格；第四，组织工作较为规范。另外，这种类型活动的开展以大型活动2~4年为一个周期，中型活动每年1~2次为标准。

街道办事处级社区体育活动和竞赛的组织实施流程主要包括以下两个方面：

（1）成立筹备委员会

街道级社区体育活动在举办前要成立筹备组（或筹备委员会），它是由主管街道体育工作的领导、文教干部、文体中心主任组成的，其主要职责为讨论制定组织方案，设置工作机构。整个活动由各工作机构以组织方案为依据来实施。

（2）确定组织方案

组织方案是整个活动的依据，其包括许多较为具体的内容，有以下几个方面：

①活动的名称和宗旨

主要以体育运动的方针、任务和本次社区体育活动的性质和要求为依据确定活动的名称和宗旨。

②活动的主办和承办单位

街道级社区体育活动和竞赛有时是由一家单位主办，有时是由几家单位主办，无论何种形式，都需要在组织方案中明确下来。另外，还要将主会场、活动的日期和地点在组织方案中明确出来。

③活动的内容与规模

以活动宗旨为依据将活动的内容和每项内容的项目，以及各项内容的参加单位和参加人数确定下来。

④成立组织工作机构

要以活动规模的大小、项目的多少为依据成立相应的组委会。一般情况下，组委会是由街道主管群众体育工作的领导和有关方面的代表组成的。

⑤经费预算

其包括的内容主要有：主会场布置费用、宣传费用、车辆使用费、招待费、文具费、工作人员的补贴费、印刷费、开闭幕式的费用以及各分会场的各项费用。

⑥确定活动日程

要以活动日期为依据制定整个活动的日程总表，分项组委会要以日程总表为依据将各分项活动日程表制定出来，从而保证整个活动的有序进行。

⑦制定各分项的活动规程

分项组委会要以大会的组织方案为依据来制定各项活动规程。

⑧严明纪律、奖励先进

为保证运动会的顺利进行，大会组委会要对各承办单位、参赛队、裁判员提出纪律要求，对违反纪律的人员要给予处理。同时，要做到奖罚分明。

⑨做好活动资料的收集、整理工作，建立社区体育活动档案

2.社区体育俱乐部的活动与管理

社区体育俱乐部是社区体育组织的基本形式，是在社区或街道的领导和指导下进行的。社区体育俱乐部的优势在于确立共同的组织目标、倡导民主性的组织关系、提供专业性强的活动内容、建立相对封闭的组织结构、实行自主性的组织管理。这些优势使得社区体育俱乐部能够提供专业的体育运动和健身活动，满足社区居民的需求，并促进社区居民的身体健康和互动交流。未来社区体育俱乐部的发展方向将聚焦于提高服务水平和推动更广泛的社区居民参与。

社区体育俱乐部的基本要素主要包括：人员要素、设施要素、固定的活动内容、活动时间、独立的运行体制和经营体制、统一的目标等方面。单项体育协会和社区体育俱乐部是社区体育活动的中心，它们在组织和管理方面起着至关重要的作用。

3.晨晚练活动点的活动与管理

晨晚练活动点是由具有共同体育兴趣的人自发组织起来的体育活动集会地点。在清晨和傍晚，他们选择在公园、空地、广场等场所聚集，进行各种体育活动。这些活动点是社区体育最基本的组织形式之一，它们为社区成员提供了进行基础体育锻炼和健身活动的机会和场所。通过晨晚练活动点，社区居民能够互相激励、交流，共同追求身体健康的状态和健康的生活方式。

晨晚练活动点的主要参与者是中老年人，并且以女性居多，其主要活动内容为操、拳、功、舞，人们通过自发松散的形式在清晨、傍晚进行锻炼。为了进一步发展壮大这种松散的体育活动点，需要我们加强管理工作。

街道社区体育的直接领导者是街道社区体育协会和居委会体育组织，对晨晚练活动点进行管理应该包括以下六个方面：

（1）制定晨晚练活动点管理办法

活动点管理办法主要对以下几个方面的内容提出要求和规定：活动点的注册登记、活动内容、收费标准、活动安全、活动点的卫生、活动点指导者的责任等。

(2)做好晨晚练活动点的管理工作

首先要对本社区晨晚练活动点的总量、各类活动点的数量和规模进行充分的了解和认识，在此基础上进行规划和分类管理。

(3)做好指导员的选拔培训工作

晨晚练活动点的指导员不仅是活动的组织者，还是活动点与街道社区的联络员。因此，做好活动点指导员的选拔培训工作非常重要。街道社区体协通过讲座、观摩、学习、交流，分期、分批地对各类项目活动点的指导员进行培训，从而使他们的理论水平和技术水平得到有效提高。

(4)组织活动点之间的比赛交流

活动点之间的比赛和交流可以通过竞争将人们参加体育锻炼的动机激发出来，增强他们运动的兴趣，提高他们参与的积极性，同时可以通过比赛和交流加强社会交往、促进互相学习、实现共同提高。

(5)为活动点解决场地方面的困难

目前晨晚练活动点面临的一个最大的困难就是活动场地不足，常常会出现活动点场地被挤占的现象，这就要求街道社区体协帮助活动点抵制不合理的挤占行为。

(6)做好宣传工作

通过多种形式进行宣传，动员、组织居民积极参加晨晚练活动，鼓励居民开设新的活动点，从而吸引更多居民参与到体育健身活动中来。

4.社区内单位体育组织的活动与管理

我国目前的社区体育和社区体育组织尚处于成长阶段，而一些大中型企业或单位的职工居住地也相对集中，在这种情况下，非常有必要将工会或单位体育协会的作用充分发挥出来。

开展职工体育的主要组织形式之一就是企业工会或单位体育协会。群众体育和社区体育的重要组成部分是职工体育，厂矿企业、事业机关等单位的职工是主要参与对象，开展职工体育的主要目的是健身娱乐，它以业余、自愿、灵活、多样为原则。职工体育有着非常重要的作用和意义，具体表现在以下三个方面：第一，开展职工体育是社会主义物质文明建设的需要，能够使职工的体质得到有效增强，使职工的工作能力、出勤率和生产效率得到提高，从而对社会的物质文明建设起到积极的促进作用；第二，职工体育是社会主义精神文明建设的需要，具体来说，其能使业余文化生活进一步活跃，从而形成健康文明的生活方式和社会风尚；第三，职工体育是企业文化的重要内容，是树立企业形象的窗口。

为了更好地贯彻我国职工体育工作的方针，将职工体育组织管理的效能充分发挥出来，在进行职工体育的组织管理工作时，应遵循以下基本原则：主业与职工体育主次分明原则、指令性管理与指导性管理相结合原则、定性管理与定量管理相结合原则以及纵向管理与横向管理相结合原则。

（四）社区体育场地与设施管理

社区体育场地设施建设要遵循一定的原则和要求，具体表现为：科学规划、合理布局、有效利用与及时维修、人性化管理等。

1. 科学规划

科学规划是确保社区体育场地设施建设成功的关键。社区体育场地、设施规划要与城市总体规划和社区建设规划相协调，重视社区的体育传统文化和居民的愿望，打造适应全体社区居民需求的多元化、可持续发展的社区体育环境。

2. 合理布局

社区体育场地设施的建设需要考虑设施类型、场地和人群的多样性。在规划过程中，应着眼于老年人、中青年和少年儿童等不同年龄段人群的体育活动特点。为了增强老年人的健康与活力，可以提供舒适的休憩区、适合低强度运动的器械和平坦的场地。对于中青年群体，可以开设室内外多功能场地，满足其多元化的锻炼需求。对于少年儿童来说，可以建立儿童游乐区和专门的训练场地，鼓励儿童在欢乐的氛围中发展体育特长。此外，在社区体育场地设施的设计中，应充分考虑不同社区体育活动传统和各社区的实际情况，建造和配置相应的体育场地设施，以满足人们健身锻炼的需要。

3. 有效利用与及时维修

如今，我国的健身事业正在蓬勃发展。我们需要充分利用社区现有的体育场地设施，积极开展相应的社区体育活动。同时，我们要高度重视社区体育场地设施的维护和保养，确保它们处于良好状态，能够满足人们的健身需求并提供良好的使用体验。

4. 人性化管理

对社区体育场地设施的管理要以人为本，并且能够将便民、为民、服务群众的精神和原则充分体现出来。

（五）社区健身房服务管理

1. 社区健身房的分类

依据不同的分类标准，可以对我国社区健身房进行不同的分类。通常情况下，社区健身房的分类方法主要有以下四种：

（1）以健身目的为依据对健身房进行分类

按照这一分类标准，可以将社区健身房分为三种类型，即休闲娱乐室、减肥室、身体机能和素质提高室。具体如下：

①休闲娱乐室

这类健身房主要为社区居民提供健身享受。通常情况下，这类健身房包含的内容主要有：摇滚舞、健美操、健身操、体育舞蹈、氧吧、推拿、按摩等。

②减肥室

为身体肥胖的健身者提供各种有氧运动的练习器械和环境，是这类社区健身房的主要目的。

③身体机能和素质提高室

顾名思义，身体机能和素质提高室的主要目的是提高身体素质，尤其是为中青年健身者提供练习器械和健身指导，以发展他们的力量，提高他们的身体素质。

（2）以功能为依据对健身房进行分类

按照这一分类标准，可以将社区健身房分为两大类，即有氧运动健身房和无氧运动健身房。

①有氧运动健身房

这类健身房包括的内容主要有健美操、韵律操、舍宾、瑜伽、轻器械健身项目、体育舞蹈等。

②无氧运动健身房

提供满足身体素质和身体机能提高所需的练习场地、器械、设施和健身指导，是这类健身房的主要功能。

（3）以消费层次为依据对健身房进行分类

目前，按照这一分类标准，可以将健身房分为大众型健身房、中档健身房和高档健身房三大类。

（4）以年龄层次为依据对健身房进行分类

按照这一分类标准，可以将健身房分为儿童健身乐园、青少年健身房、中老年健身房等。

2. 体育健身房项目的经营管理

从事体育健身房项目的经营管理活动，应该具备一定的条件，主要表现在以下几个方面：

第一，要具有合法的经营资质，这是最基本的条件之一。

第二，要具有适合体育健身房项目经营活动的场地和设备，这是从事体育健身房项目经营管理活动最基本的物质条件。

第三，要具有体育专业指导人员，并且这些人员要与活动项目、形式、计划相适应，这些人员要具有相应的资质。

第四，从事体育健身房项目培训、辅导经营活动的健身房，还应该提供完整详细的计划书、培训教学提纲、教材和各项有关内容安排说明，并且要将预防措施和救护制度落实下来。

第五，从事体育健身房项目表演、经纪经营活动，应提供体育专业表演人员资质证书、体育经纪人资质证书，体育健身房项目表演的内容需经备案审核。

第六，制定和落实健身房管理规章制度。

第七，落实体育健身房经营活动，将提示内容公开出来，并且将从业人员、管理人员的相关内容落实下来。

三、现代新型社区体育管理的模式及发展

（一）现代新型社区体育管理的模式

为了达到社区体育管理的目的而采取的各种管理体制、机制、手段、方法的有机结合体，就是社区体育管理模式。以社区体育管理的现状为主要依据，从社区体育管理活动的主体差异出发，可将社区体育管理模式分为三种类型，即政府导向型、市场导向型、社会导向型。具体如下：

1. 政府导向型管理模式

这种管理模式的核心是政府，现阶段的主体为城区人民政府下派的街道办事处。在居委会、中介组织、社会团体等各种社区体育主体的共同参与配合下，街道办事处对社区体育的公共事务、社会事务等进行管理。强化基层政府的行政职能，通过政府职能、体育资源的调控，实现自上而下的社会整合是这一管理模式的实质所在。通常情况下，这一管理模式的社区体育管理范围为原街道行政区域。这种模式既有一定的优点，同时也存在着相应的缺点。其中，优点主要表现为：凭借政府调控能力、经济资源，条块结合、以块为主的行政管理网络在社区体育建设中发挥主导作用。

2. 市场导向型管理模式

所谓的市场导向型管理模式，就是通常我们所说的"物业管理模式"。物业管理行业最早在我国出现的标志是1981年3月全国第一家物业管理公司——深圳物业公司的成立，时至今日，物业管理模式已经迅速成长并逐渐壮大起来。虽然这一管理模式还不够成熟，其结构体制和运行机制还存在许多不完善的地方，但是，从目前的发展态势来看，这种管理模式已经成为城市居民日常生活中一种重要的依托，具有非常重要的作用和意义。物业管理模式和政府导向型管理模式一样，也具有一定的优点和不足。其中，优点主要表现为：由于引入了市场竞争机制，社区体育的建设和管理表现出了一定的生命力。此外，需要强调的是，这种市场化运作的管理模式不能将小区中的社会管理和体育管理完全覆盖起来，因此还不能说是一种完全意义上的社区体育管理，其地域的范围通常只是封闭性的小区。

3. 社会导向型管理模式

以社区居民为核心，联合社区内各种社区体育组织、机构，共同参与社区体育事务的管理，实行真正民主自治管理的一种模式，就是所谓的社会导向型管理模式，也可以将其称为社区体育居民自治模式。社会导向型管理模式能够将社区内居民广泛参与社区体育事务的积极性充分调动起来，使社区居民真正成为社区体育的主人，管理自己的事务；对于社区居民对社区体育的认同感、归属感的形成和良好的社会体育风尚的形成都较为有利，这是社会导向型管理模式的主要优点所在。此外，其优点还表现为：从经济角度来看，社区居民自治这一管理模式的管理成本较低；从政治角度看，社区居民自治对于推进基层的民主建设、公民的政治参与较为有利，同时对于造就新一代的公民和培养体育人口也是较为有利的。

上述三种管理模式都有不同的特点，实际生活中的社区体育管理通常是上述三种管理模式的有机整合。实际社区体育管理以政府为统一领导，根据"政企分开、政社分开、政事分开"的基本原则，将各种社区体育主体分工合作、协调共建的作用充分发挥出来。

（二）现代新型社区体育管理的发展

现代新型社区体育管理的发展主要表现在观念、体制、内容、手段等几个方面。下面就对这几个方面的发展进行分析和阐述。

1. 社区体育管理观念的发展

社区体育管理观念的发展不仅是时代的需要，同时也是社区体育管理发展的需要。要使社区体育管理与知识经济时代下社区体育发展的需要相符合，就必须做到以下四个方面：

（1）从单一管理逐渐转变为系统管理

由于社区体育的范畴已经远远超过以前街道的范围，社区体育建设的内容也得到了较大程度的拓展，这就要求采取新型的与之相适应的管理方式。社区体育综合管理系统的重要手段主要包括经济手段、法律手段、社会手段、情感教育手段等。

（2）从物本管理逐渐转变为人本管理

人有着非常重要的、不可替代的作用和意义。在社区体育管理中，应该顺应时代发展的趋势，进一步转变观念，对人本管理给予高度重视，将"以人为本"的理念充分体现出来。将社区居民的主体地位确定下来，使社区中的居民成为社区体育建设的主体，将广大的社区居民参与社区体育事务的积极性和主动性充分调动起来，这是社区体育管理工作的首要目标，也是衡量社区体育管理工作得失的最基本标准。

（3）从集中管理逐渐转变为民主管理

在社区体育管理中，应让广大的社区居民、企业、社会团体等社区体育主体参与到社区体育事务中来，从而形成社区体育事务逐渐转变为社区体育内各种主体共同建设的良好局面。

（4）从命令管理逐渐转变为服务管理

为社区体育建设创造一个良好的社会环境，培育社区体育内各种利益主体的共同意识，积极引导社区居民参与社区体育事务，减轻政府的负担，是现代社区体育管理的主要目的。而这个观念的转变对于政府为社区体育的建设提供更多的"服务产品"是非常有利的。

2. 社区体育管理体制的发展

从城市社区体育建设发展的角度来说，中华人民共和国成立以来，城市体育的开展已经取得了大量的经验。在社区体育管理体制的发展中，应该着重关注建立新时期我国城市体育管理体制，对社区体育健康顺利发展进行积极的指导，只有这样，才能将它在城市体育中的重要作用充分发挥出来。

3. 社区体育管理内容的发展

政府管理的作用非常重要，它在任何现代国家的社会管理中都是不可或缺的。需要强调的是，城市社区体育最终的目的是要实现它的自治。具体来说，就是由城市社区居民自己管理自己的社区体育事务。当然，实现城市社区体育自治不可能一步到位，它是一个循序渐进的过程。城市社区体育自治实现过程中应注意以下两方面内容：

（1）将社区体育组织的作用明确下来

从更广泛的意义上来说，由社区体育组织进行联络和整合的民间社会是今后社区体育的定位。另外，应将街道行政区与社区体育、行政管理事务与社会管理事务区分开来。要达到这一目的，就必须转变社区体育管理方式，政府合理进行分权和放权。这样不仅能够使社区体育内的街道办事处和各类职能部门所拥有的管辖权更加切实，而且还赋予了社区体育社会组织更多的权力与影响力，这对于行政力量与社会力量的平衡发展是非常有利的。

（2）使社区居民的民主参与意识得到有效提升

公众参与就表示出社区居民对社区体育责任的分担和成果的共享。只有切实提高社区居民的民主参与意识和自治意识，才能使社区体育工作从政府管理逐渐向广大居民的自我参与和管理转变，并最终形成社区体育自治的管理模式。而要达到这一目的，就要求积极拓宽居民参与的渠道和途径，让居民将自己对社区体育建设的要求和建议充分表达出来，从而进一步加强对政府政策的支持与合作。社区体育的娱乐设施与文化活动能够使居民的精神生活更加丰富多彩，使居民的情操得到陶冶，居民之间的交往得到增进，居民的素质得到提高。除此之外，建立社区体育服务志愿者队伍，能够使社区体育人力资源开发的力度进一步加大，居民的公益精神和奉献精神得到有效提升。

4.社区体育管理手段的发展

社区体育管理手段也有了一定程度的发展。具体来说，其发展主要体现在以下两个方面：

（1）由直接管理手段逐渐过渡为间接管理手段

法律规范手段、制度手段、经济运行手段等是主要的间接管理手段。其中，经济运行手段是较为重要的一个方面。在社区体育管理中，要通过经济管理手段的运用，将市场竞争在管理中的作用充分发挥出来，使社区体育事务的管理效率得到有效提高。

政府间接管理手段的实施使政府的职能得到转变，使政府的负担减轻，为政府能够提供更高效的社区体育服务奠定了坚实的基础。

（2）管理手段的多样化程度越来越高

社区体育管理手段发展的另一种趋势是管理手段的多样化。随着社会的发展，社区体育事务变得越来越复杂，这就要求在进行社区体育管理时，必须吸收社会团体及组织自治性管理手段、企业单位市场行为管理手段的长处和优势。

参考文献

[1] 熊俊华. 社区体育理论与发展研究 [M]. 西安：陕西旅游出版社，2021.

[2] 叁壹. 社区体育锻炼常识 [M]. 西安：太白文艺出版社，2011.

[3] 徐宏，吕金江，陈强. 社区体育指导 [M]. 北京：北京师范大学出版社，2009.

[4] 谢旭东. 社区体育论 [M]. 济南：黄河出版社，2007.

[5] 赵立，骆秉全. 社区体育的理论与实践 [M]. 北京：北京体育大学出版社，2001.

[6] 顾渊彦，李明. 21世纪中国社区体育 [M]. 北京：北京体育大学出版社，2001.

[7] 刘欣葵，谭善勇. 北京市社区体育设施现状与发展研究 [M]. 北京：中国经济出版社，2014.

[8] 李金芬，翟少红，宋军. 社区体育科学化的理论研究 [M]. 北京：中国商务出版社，2008.

[9] 佟艳华. 山东省社区体育现状的综合调查分析及对策研究 [M]. 北京：中国大地出版社，2006.

[10] 刘志成. 我国城市社区全民健身公共服务体系构建研究 [J]. 体育与科学，2012，33（4）：75-80.

[11] 郑卫民，任保国，刘德新. 新时期城市社区体育公共服务供给问题探索 [J]. 体育与科学，2012，33（1）：87-91.

[12] 孔祥. 城市社区体育公共服务体系建设的供给主体及实现路径 [J]. 体育与科学，2011，32（4）：66-71.

[13] 尹玲. 关于我国社区体育场地设施存在问题的思考 [J]. 成都体育学院学报，2008（9）：28-31.

[14] 欧阳萍. 我国城市社区体育发展现状、制约因素与对策 [J]. 广州体育学院学报，2007（6）：61-63，84.

[15] 邵雪梅. 天津城市社区老年体育现状的调查研究 [J]. 武汉体育学院学报，2007（2）：89-93.

[16] 饶传坤. 城市社区体育设施现状及发展对策研究——以杭州市城西居住区为例 [J]. 中国体育科技，2007（1）：16-20，48.

[17] 王凯珍. 中国城市不同类型社区居民体育活动现状的调查研究 [J]. 北京体育大学学报，2005（8）：1009-1013.

[18] 颜斌，王亚男，赵仙伟. 我国城市社区体育可持续发展的主要影响因素分析 [J]. 体育与科学，2004（4）：43-46.

[19] 王凯珍，阮云龙. 新世纪中国城市社区体育的发展趋势 [J]. 北京体育大学学报，2004（1）：4-6.

[20] 刘会成. 大学体育与社区体育互动研究 [D]. 北京：北京体育大学，2013.

[21] 董金博. 深圳市社区体育设施配置研究 [D]. 哈尔滨：哈尔滨工业大学，2012.

[22] 刘熹熹. 北京市中心城社区体育设施现状问题及对策研究 [D]. 北京：北京建筑工程学院，2012.

[23] 张强. 社区体育公共服务水平指标体系构建研究 [D]. 南京：南京师范大学，2011.

[24] 张琼. 上海社区体育服务现状调查与对策研究 [D]. 上海：华东师范大学，2008.

[25] 常媛媛. 北京城市社区体育设施现状研究 [D]. 北京：首都体育学院，2008.

[26] 胡振宇. 现代城市体育设施建设与城市发展研究 [D]. 南京：东南大学，2006.

[27] 曹磊. 我国社区体育俱乐部发展的主要影响因素与发展阶段研究 [D]. 福州：福建师范大学，2006.

[28] 季彦霞. 河北省城市社区体育俱乐部建立与发展的研究 [D]. 石家庄：河北师范大学，2005.

[29] 王美. 苏州市城市社区体育的现状分析与研究 [D]. 苏州：苏州大学，2005.